Sabine Ladstätter
Knochen, Steine, Scherben

Sabine Ladstätter
Knochen, Steine, Scherben
Abenteuer Archäologie

Redaktionell betreut von Jürgen Hatzenbichler

Residenz Verlag

Bibliografische Information der Deutschen Bibliothek
Die Deutsche Bibliothek verzeichnet diese Publikation in der Deutschen
Nationalbibliografie; detaillierte bibliografische Daten sind im Internet
über http://dnb.d-nb.de abrufbar.

www.residenzverlag.at

© 2013 Residenz Verlag
im Niederösterreichischen Pressehaus
Druck- und Verlagsgesellschaft mbH
St. Pölten – Salzburg – Wien

Alle Rechte, insbesondere das des auszugsweisen Abdrucks
und das der fotomechanischen Wiedergabe, vorbehalten.

Umschlaggestaltung: Thomas Kussin / buero8
Umschlagbild: ÖAI – Niki Gail
Grafische Gestaltung / Satz: Lanz, Wien
Schrift: Minion Pro, Nami
Lektorat: Stephan Gruber
Gesamtherstellung: CPI Moravia Books

ISBN 978-3-7017-3316-3

Inhalt

Einleitung 9
1. Archäologie und Zeitgeschichte 17
2. Archäologie und Öffentlichkeit 41
3. Archäologie und Ausgrabung 57
4. Archäologie und Natur 83
5. Archäologie und Umweltproblematik 101
6. Archäologie und Religion 119
7. Archäologie und Krisen 139
8. Archäologie und Mobilität 157
9. Archäologie und der Tod 179

*Meiner Großfamilie, allen Schretters und Kulterers, gewidmet.
Ihr habt mich geprägt und dafür danke ich euch.*

Einleitung

Archäologie fasziniert. Darüber besteht kein Zweifel. Alleine während der Fertigstellung dieses Buchs im Sommer 2013 wurde ein beeindruckendes Maya-Relief in Guatemala entdeckt; in St. Pölten legt man 4000 Gräber frei; römische Glasperlen leisten einen wichtigen Beitrag zur antiken Handelsgeschichte, wie Mainzer Forscher herausgefunden haben; ein Bleisarkophag gibt britischen Kollegen in Leicester Rätsel auf; und kürzlich war zu lesen, dass Reste eines römischen Kettenhemdes auf einem Schlachtfeld in Niedersachsen gefunden wurden. Aus Sinope an der türkischen Schwarzmeerküste wird gar gemeldet, dass dort bei Grabungen Relikte des Kreuzes Christi aufgetaucht seien. Unzählig sind die Archäologie-Dokumentationen in sämtlichen TV-Kanälen, und prominente Grabungsplätze haben ständig steigende Besucherzahlen in Millionenhöhe. Der Archäologie-Tourismus stellt in vielen Ländern einen maßgeblichen Wirtschaftsfaktor dar, und das Ausbleiben der Besucher archäologischer Ruinenstätten bedeutet nicht nur für die Lokalbevölkerung den ökonomischen Ruin, sondern kann auch die Wirtschaftsleistung von Staaten maßgeblich beeinträchtigen. Internationale öffentliche Aufmerksamkeit erregt es auch, wenn ein archäologisches Museum in Oberägypten ausgeraubt wird, die syrischen Ruinenstätten unter Dauerbeschuss stehen und eine Inka-Pyramide in Peru von Baggern niedergewalzt wird, um Platz für Immobilien zu schaffen. Aber welche Wissenschaft verbirgt sich eigentlich hinter all diesen tatsächlichen oder vermeintlichen Sensationsmeldungen? Und warum regt es Menschen auf, wenn archäologische Denkmäler gefährdet sind oder zerstört werden?

Archäologie beschäftigt sich per definitionem mit der Kulturgeschichte des Menschen auf Basis seiner materiellen Hinterlassenschaft. Eigentlich ist damit schon vieles erklärt. Die Archäologie stellt den Menschen und alles, was er geschaffen hat, in den Mittelpunkt. Aber ab wann dürfen wir eigentlich einen Menschen als Menschen bezeichnen? Ist es der aufrechte Gang oder die Ausbildung von Sprechwerkzeugen? Oder sind es vielmehr kulturelle Errungenschaften? Ab einem gewissen Zeitpunkt in der Menschheitsentwicklung werden Kranke, Schwache und Alte nicht mehr zurückgelassen, sondern in den wandernden Gruppen mitgetragen; Tote werden nicht mehr liegen gelassen, sondern bestattet, und es werden ihnen auch Blumen nachgeworfen, Schmuckgegenstände hergestellt und Bilder gezeichnet. Es ist das Bewusstsein, es sind soziales Handeln, Ethik, Pietät, Ästhetik und Kunst, die maßgeblich zur Vermenschlichung des Menschen beitrugen. Die Archäologie beschäftigt sich also mit etwas sehr Zentralem, nämlich mit der menschlichen Existenz und ihren Errungenschaften.

Menschen wollen ihre Wurzeln kennen: Sie brauchen dieses Wissen, um Identität überhaupt erst ausbilden zu können. Denken wir nur an die Diskussionen um das Recht künstlich gezeugter Kinder, die Namen ihrer Samenspender zu kennen, oder an die oft jahrzehntelangen Nachforschungen über leibliche Eltern und im Kindesalter getrennte Geschwister. Die eigene Herkunft und das Umfeld zu kennen und daraus auch Erklärungsmodelle für die Gegenwart bzw. das eigene Leben ableiten zu können, ist ein elementares, immer wieder zu beobachtendes Bedürfnis. Diese individuelle Sehnsucht lässt sich auch auf das Kollektiv übertragen. Woher kommen wir Menschen? Was hat uns geprägt und zu dem gemacht, was wir heute sind? Was definiert eine Gruppe, welche identitätsstiftenden Merkmale hat sie und wie grenzt sich eine Gemeinschaft gegenüber einer anderen ab? Das Eigene erklärt sich nur durch das Andere und das Heute nur durch das Gestern. Eine Reflexion über das Dasein ist ohne die historische Perspektive vielleicht möglich, allerdings nicht sinnvoll. Die Archäologie leistet mit ihren authentischen Quellen in dieser Diskussion einen nicht unwesentlichen Beitrag – noch dazu in Form von

Bildern, was die Rezeption für viele bedeutend erleichtert, was aber auch eine große Gefahr in sich birgt.

Als ich 2011 vom Club der Wissenschaftsjournalisten Österreichs zur Wissenschaftlerin des Jahres gekürt wurde, bedeutete dies für mich gleichzeitig die Bestätigung eines eingeschlagenen Wegs und den Auftrag, diesen weiterzugehen. Betont sei vorweg, dass dieser Preis für das Bemühen um Wissenschaftskommunikation verliehen wird. Ich habe von Anfang an versucht, meine Auszeichnung als Signal für die Geisteswissenschaften und speziell natürlich für die Archäologie zu sehen. Leider wird Öffentlichkeitsarbeit oder öffentlichkeitswirksame Arbeit bisweilen noch immer argwöhnisch betrachtet. Notwendige erklärende Vereinfachungen und aktuelle Vergleiche werden rasch als simplifizierende Verallgemeinerungen abgetan, ohne zu reflektieren, was man damit eigentlich erreichen will. Ist es nicht ein Widerspruch, wenn beispielsweise einerseits das Niveau von Reiseleitern beklagt wird, andererseits Forschungsergebnisse ausschließlich in Fachzeitschriften und zudem stark zeitverzögert veröffentlicht werden? Es ist meines Erachtens ein Paradoxon, einerseits die gesellschaftliche Relevanz geisteswissenschaftlicher Forschung hervorzuheben und einzufordern, andererseits die interessierte Öffentlichkeit nur unzureichend zu informieren und ihr kaum die Möglichkeit einer Teilnahme am aktuell laufenden Diskurs zu geben. Es geht dabei nicht um einen weit hergeholten, krampfhaft übergestülpten Aktualitätsbezug, sondern schlicht und einfach um Anstöße zur Reflexion. Aber auch unabhängig von der Archäologie sollte Forschung verstärkt als Lustprinzip und Lebenskonzept kommuniziert werden, um überhaupt wahrgenommen zu werden und weiterwirken zu können. Freude am Forschen, das Streben nach Erkenntnis und die Umsetzung in Wissen sind alles Dinge, die Mühen und Anstrengungen lohnen.

Der Weg aus dem Elfenbeinturm – wenn es ihn denn überhaupt gibt – lohnt sich auch für die Wissenschaftler. Bei meinen unzähligen populärwissenschaftlichen Vorträgen konnte ich mich vom ungeheuer großen Interesse und von der breiten gesellschaftlichen Akzeptanz für unsere Forschungen überzeugen. All meinen Vorurteilen zum Trotz erwiesen sich gerade die Vorträge in den Schulen als besonders bereichernd. Der Versuch, meine Faszination und meine Begeisterung für die Archäologie weiterzugeben, wurde durch das Interesse und die vielen Fragen der jungen Menschen belohnt. Ich hatte in den letzten Jahren bei Vorträgen und Führungen durch Museen und Ruinenstätten darüber hinaus die Möglichkeit, viele persönliche Gespräche zu führen, Fragen zu beantworten und auch die Reaktionen des Publikums zu beobachten. Aus all diesen Aktivitäten entstand nicht nur die Idee für dieses Buch, sondern daraus resultieren letztendlich auch die dafür ausgewählten Themen. Mein Dank gilt daher den vielen Zuhörenden und Fragenden, die meinen Blick auf die Objekte geschärft haben. Sie alle haben zum Gelingen dieses Buches einen maßgeblichen Beitrag geleistet.

Es scheint nahezu ein anachronistischer Widerspruch zu sein, wenn man sich in einer kurzlebigen, auf Gegenwart und Zukunft ausgerichteten Zeit mit der Vergangenheit beschäftigt – Archäologen als Metapher für vergangene Epochen. Das Klischee ist von einem Gegensatz geprägt: einerseits die – weltfremden – Wissenschaftler, die sich zwar keinen Kaffee selbst kochen können, jedoch in kontemplativer Ruhe und mit viel Geduld Knochen freipinseln, andererseits die – immer gut aussehenden – Abenteurer, die unter größten Entbehrungen Schätze für die Menschheit vor bösen Kräften retten, dabei noch bislang unbekannte Schriftarten enträtseln und ein Handbuch zur orientalischen Altertumskunde verfassen. Die Realität liegt irgendwo dazwischen, sie ist wesentlich monotoner, aber auch anspruchsvoller. Unter diesen Prämissen bedeutet aber die Vermittlung von Archäologie eine ständige Gratwanderung zwischen seriöser Wissenschaft und Entdeckerromantik.

Es erstaunt selbst die Fachfrau, wie viele Menschen eigentlich den Berufswunsch »Archäologe« oder »Archäologin« gehegt hatten, bevor sie es vorzogen, in die Verwaltung, die Wirtschaft oder die Politik zu gehen. Maßgeblich für die Entscheidung gegen die Archäologie waren in den meisten Fällen düstere Berufsprognosen, aufgrund derer letztendlich doch ein Brotberuf der Passion vorgezogen wurde. Die Wurzeln der Faszination für die Archäologie liegen meist in der frühen Kindheit. Auch viele Archäologenkarrieren beginnen im Volksschulalter, mit dem Aufsammeln von Scherben am Schulweg, dem Besuch einer Ruinenstätte während eines Schulausflugs und den Ferienaktivitäten mit den Eltern. Meiner frühesten Kindheitserinnerung nach wollte ich im Kindergartenalter unbedingt zum Mittelpunkt der Erde vordringen, und ich habe dafür meine etwa gleichaltrigen Cousins als Grabungsarbeiter verpflichtet. Während der Volksschule wurde anlässlich eines Besuchs des Magdalensbergs in Kärnten der Grundstein für meinen weiteren Lebensweg gelegt: Auch noch jetzt, nach 40 Jahren erinnere ich mich an die Faszination, die die ausgegrabenen Gebäude und die ausgestellten Gegenstände damals auf mich ausübten. Und wenn ich heute Kinder durch Ausgrabungen führe, so kann ich deutlich beobachten, welche Faszination von der Vorstellung ausgeht, dass in der Erde Verborgenes schlummert, und mit welchem Eifer die Kleinen bei Grabungen zu Werke gehen. Natürlich weicht die kindliche Faszination einem rationalen, wissenschaftlichen Zugang, allerdings bleiben die Neugierde und – zumindest im Bereich der Grabungsarchäologie – ein Funke Unvorhersehbarkeit erhalten. Am Morgen wissen wir nicht, was wir am Abend gefunden haben werden; Überraschungen sind immer möglich.

Die Archäologie ist heute eine hoch spezialisierte Wissenschaft mit zahlreichen Teildisziplinen. Sie ist aber auch eine Wissenschaft mit Bodenhaftung, im wahrsten Sinne des Wortes. Gerade in der Grabungsarchäologie ist man täglich mit einer nichtakademischen Realität konfrontiert, seien es nun verschiedene Arbeitsrechte, Fremdenpolizei, Grundstücksverhandlungen, Arbeitssicherheit oder die Anschaffung und Wartung von Baumaschinen. Interdisziplinarität ist für uns kein Schlagwort, sondern gelebte Realität. Moderne archäologische Forschung wäre ohne die Naturwissenschaften und die Technik nicht möglich. Diese inhaltliche und methodische Vielfalt aufzuzeigen, war eine weitere Motivation, dieses Buch zu schreiben. Es richtet sich nicht an ein Fachpublikum, sondern an jene Menschen, die von der Archäologie begeistert sind und sich für unsere Fragen interessieren. Gleichzeitig soll in einer Zeit, in der die Legitimation der Geisteswissenschaften und insbesondere der Altertumswissenschaften immer vehementer und zum Teil aggressiver angezweifelt wird, Stellung bezogen und die gesellschaftliche Relevanz unserer Forschungen betont werden. Auch ist es kein Handbuch mit dem Anspruch, die Archäologie als Ganzes zu erklären, sondern vielmehr eine Sammlung unterschiedlicher Themen. Deren Auswahl erfolgte nach verschiedenen Kriterien: Zum einen schien es mir unbedingt notwendig, die Entwicklung der Archäologie als Wissenschaftszweig sowie ihren weiteren Verlauf in einen historischen Kontext zu stellen. Dadurch erklären sich einerseits Schwerpunktsetzungen der Vergangenheit ebenso wie aktuelle Fragen, andererseits charakterisiert die Wissenschaftsgeschichte die Archäologie in all ihren Facetten eindrucksvoll. Ferner sollte man sich immer die Instrumentalisierung der Archäologie durch die Politik, die Öffentlichkeit und letztendlich auch die Tourismusindustrie vor Augen halten.

Moderne archäologische Forschung bedient sich unterschiedlichster Methoden. Deren Bandbreite sowie die enge Zusammenarbeit mit fachverwandten altertumskundlichen Disziplinen, aber auch mit den Naturwissenschaften und der Technik in Hinblick auf Dokumentation und Analyse zeichnet insbesondere die Grabungsarchäologie aus. Es ist für Außenstehende oftmals nicht deutlich, dass eine Ausgrabung weit über das Ausgraben hinausgeht und einen logistisch wie intellektuell hoch anspruchsvollen Prozess darstellt. Bei der Auswahl der Themen wurde darauf geachtet, Fallstudien mit Aktualitätsgehalt heranzuziehen, ohne diesen konstruieren oder erzwingen zu müssen. Vielmehr werden die archäologischen Fragestellungen in den gegenwärtigen gesellschaftlichen Diskurs eingebettet: Natur, Umweltproblematik, Mobilität und mit ihr die Kommunikation sind heftig debattierte Themen, allerdings keine ausschließlich modernen Erscheinungen, wie ein historischer Rückblick deutlich macht. Die »Krise« ist derzeit in aller Munde und daher schien es angebracht, auch dieses Phänomen archäologisch zu reflektieren. Letztendlich ging von Krisen immer eine große Dynamik aus, die zu gesellschaftlichen Umbrüchen führte und sämtliche Lebensbereiche grundlegend veränderte. Elementare Aspekte des menschlichen Daseins sind auch Religion und der Tod, denen weitere Kapitel gewidmet sind. Irrationalitäten nachzuvollziehen zu versuchen, noch dazu aus einer historischen Perspektive, ist ein schwieriges, zuweilen unmögliches Unterfangen. Vielfach ist es nur möglich, sie aus einer Distanz heraus zu beschreiben, in dem Bewusstsein, dass die Beschreibung des Unbeschreiblichen nur unzulänglich sein kann.

Die von mir zitierten paradigmatischen Beispiele entstammen meinem eigenen Forschungsradius, sei es nun die Spätantike in den Ostalpen, Ägypten in hellenistisch-römischer Zeit oder aber natürlich Ephesos – und sie spiegeln meine Spezialisierung, die Feldarchäologie, wider. Sie sind also subjektiv gewählt und ohne Anspruch auf Vollständigkeit. Natürlich bleiben Lücken, und ebenso können viele Fragen nicht beantwortet werden. Aber erfahrungsgemäß sind die Fragen ohnehin viel interessanter als die Antworten.

Ephesos, im Sommer 2013

1.
Archäologie und Zeitgeschichte

Die Ursprünge

Das Interesse für das griechische und römische Kulturerbe geht bis in die Renaissance zurück und war damals stark vom Selbstverständnis des humanistischen Bildungsideals geprägt. Die Beschäftigung mit antiken Sprachen und Philosophie implizierte eine bewusste Wahrnehmung und Wertschätzung der materiellen Hinterlassenschaft, der Monumente und Artefakte und in weiterer Folge eine akademische Auseinandersetzung damit, was letztendlich zur Ausbildung der Klassischen Archäologie als wissenschaftliche Disziplin führte. Beeinflusst wurde die Antikenrezeption durch Reisende, deren Beschreibungen gedruckt und mit Abbildungen bereichert wurden und dadurch einen Eindruck der mediterranen Ruinenlandschaften vermittelten. Ebenso stieg das Interesse für den Orient stark an. Die in den bürgerlichen Salons gepflegte Ägyptomanie und Orientromantik des 19. Jahrhunderts hatte großen Einfluss auf die zeitgenössische Architektur und Kunst, führte letztendlich aber auch zu einer wissenschaftlichen Auseinandersetzung mit den romantisch verklärten Kulturräumen.

In Mitteleuropa entwickelte sich aus der Heimatkunde eine archäologische Fachrichtung, die sich verstärkt der Erforschung der lokalen, der »eigenen« Vergangenheit widmete, seien es nun prähistorische Kulturen, die Römer oder aber auch die Völkerwanderungszeit. Die heimatlichen Bodenforschungen wirkten stark identitätsfördernd und sind im Kontext des anwachsenden Nationalismus zu verstehen. Keltomanie und Illyrismus sind nur zwei Beispiele für das Verständnis des 19. Jahrhunderts, moderne Identitäten historisch zu begründen. Die gewissen antiken Kulturen unterstellte Einheit und Ursprünglichkeit – durch Reinheit und Schlichtheit zum Ausdruck gebracht –, das Prinzip des Volksgedankens, ein kultureller und politischer Führungsanspruch sowie das Konzept der territorialen Expansion zur Schaffung von Siedlungsraum nehmen letztendlich politische Entwicklungen des 20. Jahrhunderts vorweg. Bisweilen abstruse Auswüchse fand die Keltenverehrung anlässlich romantisch-ritueller Jahrtausendwendfeiern im Jahr 1900, mit denen der Anbruch einer neuen Zeit gefeiert wurde. Während die Beschäftigung mit den mediterranen Hochkulturen historischer Zeit zur Ausbildung der Klassischen Archäologie führte, ist die Ur- und Frühgeschichte, aber auch die Provinzialarchäologie traditionellerweise regional geprägt. Ägyptologie und Orientalistik waren ursprünglich stark philologisch ausgerichtete Disziplinen, im Rahmen derer allerdings der Archäologie eine immer wichtiger werdende Rolle zukam. All diesen Fachrichtungen gemein ist die Feldforschung, und hier insbesondere die Ausgrabung als eine feldarchäologische Methode. Die Begriffe Archäologie und Ausgrabung werden landläufig synonym gebraucht, sind es aber nicht: Die Ausgrabung ist lediglich eine archäologische Methode von vielen. Ebenso ist das Berufsbild des Archäologen als Abenteurer und Schatzsucher eine stark von Hollywood beeinflusste romantische Fiktion, die aber nicht die Realität darstellt.

Die ersten archäologischen Grabungen wurden unter größten Strapazen und Entbehrungen in Ländern durchgeführt, deren zivilisatorischer Standard es nicht mit jenem von Zentral- und Nordeuropa aufnehmen konnte. Sie waren getragen von wissenschaftlicher Neugierde und Entdeckerfreude der Forschungsreisenden. Und dennoch darf nicht vergessen werden, dass all diese Aktivitäten im 19. Jahrhundert stark politisch motiviert waren. Es waren demnach keineswegs ausschließlich altruistische Gründe, die die Forschenden bewogen, fremde Länder zu erkunden und Ruinenstädte zu dokumentieren. Hinter diesen Reisen standen realpolitische Machtinteressen, geprägt und diktiert von den Großreichen des 19. Jahrhunderts. Auch spielten die Archäologen keine primäre Rolle. Vielmehr waren es häufig Geistliche, Vertreter des Militärs, Diplomaten, Geodäten oder Wirtschaftstreibende, die zur Erweiterung des Wissens über die Länder des Mittelmeers und des Nahen und Fernen Ostens beitrugen und vor Ort auch die archäologischen Stätten inventarisierten und beschrieben.

Das politische Interesse Europas dieser Zeit stand im Zeichen des Kolonialismus, sowohl in Afrika und Zentralasien als auch im Nahen Osten. Die europäischen Mächte – Großbritannien, Frankreich, Russland, Deutschland und auch Österreich-Ungarn – standen dabei im Wettkampf miteinander. Die landeskundlichen Forschungsreisen waren sowohl imperialistisch als auch religiös motiviert. Antike Stätten wurden einerseits nach strategischen Gesichtspunkten besetzt, andererseits sicherte man sich die für das Christentum bedeutenden Orte.

Während der Wirtschafts- oder Handelsimperialismus der Erweiterung von Handelsbeziehungen und der Erschließung neuer Märkte, Ackerbau- und Rohstoffgebiete, Transportwege und ganzer Landstriche diente, befriedigte der Kulturimperialismus in erster Linie das Prestigebedürfnis der Herrscherhäuser des 19. Jahrhunderts. Begleitet wurden die Aktivitäten von eurozentrischen und christlich-religiösen Motiven. Überzeugt von der Überlegenheit Europas galt es, die Welt zu europäisieren – und gleichzeitig begab man sich auf die Suche nach den Wurzeln der europäischen und auch der christlichen Zivilisation.

Mit dem Erstarken des Nationalismus setzte ein wahrer Wettstreit um die besten, das heißt prestigeträchtigsten und kulturhistorisch bedeutendsten archäologischen Ausgrabungen ein. Das besondere Interesse Europas galt den reichen Ruinenstätten im Osmanischen Reich, in dessen Territorium nun zahlreiche Ausgrabungen initiiert wurden. Die daraus gewonnenen neuen Erkenntnisse flossen direkt in die universitäre Lehre und Forschung ein und trugen damit maßgeblich zur Entwicklung der Feldarchäologie als akademische Disziplin bei. Ein weiteres Ziel war, die Sammlungen in den europäischen Museen – in Berlin, London, Paris und auch in Wien – mit besonderen Fundstücken und Kunstwerken aus den eigenen Grabungen zu bereichern.

Sozialdarwinismus und spionierende Forscher

Die archäologische Forschung des 20. Jahrhunderts wurde entscheidend vom Sozialdarwinismus mitgeprägt. Das Grundprinzip vom Überleben des Stärkeren wurde auf Kulturen, Völker und Nationen übertragen; darauf aufbauend wurden Blütezeit und Dekadenz, Aufbau und Zerstörung einander gegenübergestellt. Die Archäologie eignete sich hervorragend zur Unterstützung und Bestätigung dieser Ansichten, da man eine »untergegangene« Kultur, die nunmehr in Schutt, Asche und Scherben lag, praktisch vor sich hatte. Durch die Ausgrabung von Ruinenstätten konnten längst vergangene Blütezeiten rekonstruiert und die für den Aufstieg, aber auch den Untergang und die endgültige Zerstörung verantwortlichen Gründe diskutiert werden. Grundlegend für diese Überlegungen waren die Theorien der evolutionären Kulturanthropologie, die eine zyklische Abfolge von Aufstieg, Höhepunkt und Niedergang postulierte. Letztendlich übertrug man die Vorstellung einer Gesetzmäßigkeit von Entwicklung und des menschlichen Strebens nach dem Optimum auch auf Gegenstände und leitete davon eine maßgebliche und bis heute noch teilweise angewendete Methode ab: die Typologie.

Nicht immer standen jedoch kulturelle Interessen am Anfang von Ausgrabungen. So gehen die Feldforschungen in Ephesos beispielsweise auf den englischen Ingenieur John Turtle Wood zurück, der von der Oriental Railway Company mit dem Bau der Bahntrasse vom damaligen Smyrna (heute Izmir) nach Tralles (heute Aydın) beauftragt worden war. Ab 1863 widmete er sich ausschließlich der Suche nach dem Artemistempel und wurde dabei vom British Museum finanziell unterstützt, mit dem offenkundigen Ziel, Exponate für das Museum zu akquirieren. Die Erwartungshaltung war groß, denn aus literarischen Quellen ging hervor, dass der Tempel der Artemis in Ephesos – eines der sieben Weltwunder der Antike – einstmals prachtvoll ausgeschmückt gewesen war. Umso größer war die Enttäuschung, als die spärlichen Reste von Wood im Jahr 1869 endlich entdeckt wurden. Über Jahrhunderte hinweg war der Tempel geplündert und seiner Bausubstanz und Ausstattung beraubt worden. Erhalten hatten sich kaum mehr als die untersten Steinlagen. Das British Museum zog umgehend die Konsequenzen aus den enttäuschenden Resultaten und reduzierte die finanzielle Unterstützung, sodass die Grabungen schließlich eingestellt werden mussten.

Die Forschungsreisenden des 19. Jahrhunderts hatten auch großes politisches Gewicht. Sie hielten sich lange Zeit in fremden Ländern auf, standen in engem Kontakt mit Land und Leuten und beherrschten in vielen Fällen auch »exotische« Sprachen. So kam es immer wieder vor, dass ihr Expertenrat geschätzt und sie als Konsulenten in die Politik berufen wurden. Ebenso wenig verwundert es, dass sie immer wieder der Spionage verdächtigt wurden – und dies bisweilen wohl auch zu Recht, denn es ist heute zweifelsfrei belegt, dass viele Altertumsforscher tatsächlich mit Spionageaufträgen betraut waren.

Österreich als Mitspieler

Österreich-Ungarn war ebenfalls in die kulturimperialistischen Machtspiele des 19. Jahrhunderts involviert. Innerhalb der eigenen Reichsgrenzen lagen prestigeträchtige Grabungsplätze, beispielsweise an der Donau, im Adriaraum und auf dem Balkan. Gleichzeitig bemühte sich Österreich – wie andere europäische Großreiche auch – um Grabungslizenzen im Osmanischen Reich.

Bei der Erforschung des Orients kommt der Österreichischen Akademie der Wissenschaften eine Pionierstellung zu; der Orient wurde dadurch für die Reichshauptstadt Wien immer interessanter. Ausgedehnte und ertragreiche Forschungsreisen führten die Wissenschaftler insbesondere nach Kleinasien, speziell nach Lykien, aber auch nach Griechenland. Durch die Gründung von Lehrstühlen und Kommissionen wurde diesem Interesse Rechnung getragen und die Orientforschung als wissenschaftliche Disziplin etabliert.

Ein weiterer Meilenstein wurde mit der Erteilung der Grabungsgenehmigung in Ephesos im Jahr 1893 und mit dem Beginn der Ausgrabungen zwei Jahre später gesetzt. Österreich-Ungarn konnte nun in direkte Konkurrenz mit Pergamon, Priene und Milet treten, allesamt Grabungsplätze des Deutschen Kaiserreichs. Ephesos war durch den Ausstieg der Briten nicht »besetzt«, sondern für die Österreicher quasi »verfügbar«. Den Ausschlag gab aber auch die Bedeutung von Ephesos für das Christentum, als zentraler Ort der Marien- und Paulusverehrung. Anders als der deutsche Kaiser Wilhelm II. zeigte Kaiser Franz Joseph I. allerdings kein gesteigertes persönliches Interesse an der archäologischen Forschung. Umso mehr zog es seine Frau, Kaiserin Elisabeth, zu den antiken Stätten Griechenlands. Kleinasien hat sie aber trotz ihrer rastlosen Reisetätigkeit nie besucht.

Bereits 1884 war prinzipiell die Ausfuhr von Antiken aus dem Osmanischen Reich unterbunden worden, allerdings erlaubten spezielle Erlässe Fundteilungen und den Export. Für Ephesos bedeutete dies, dass ein Drittel der Funde ausgeführt werden durfte, während zwei Drittel vor Ort verbleiben mussten. So fanden im ersten Grabungsjahrzehnt zahlreiche Architekturproben, Skulpturen, Objekte der Kleinkunst und Alltagsgegenstände ihren Weg nach Wien, bis im Jahr 1906 die Gesetzeslage geändert wurde und die Ausfuhr von Antiken aus dem Osmanischen Reich untersagt wurde. Nun sammelte man sie in den Museen von Istanbul, später in Izmir; 1929/30 wurde mit finanzieller Hilfe aus Österreich ein Museum in Selçuk gebaut, das 1964 erstmals seine Pforten für Besucher öffnete. Die Fundstücke rückten demnach immer näher an ihren Auffindungsort. Das Ephesos-Museum in Wien, heute in der Neuen Burg untergebracht, zeigt folglich ausschließlich Objekte aus den ersten Jahren der Grabung. Wer sämtliche in den letzten 150 Jahren ausgegrabenen und aktuell ausgestellten Funde ansehen möchte, muss nach London, Wien, Istanbul, Izmir, Selçuk und natürlich auch nach Ephesos selbst fahren.

Im späten 19. und im frühen 20. Jahrhundert wurden auch Außenstellen von archäologischen Institutionen nahe den Ausgrabungsorten eröffnet. Mit einer Vertretung vor Ort war es wesentlich leichter, die Grabungslogistik zu organisieren und die Bürokratie abzuwickeln. Im Zusammenspiel der internationalen archäologischen Forschung bedeuteten diese Vertretungen eine österreichische Repräsentanz, und sie sind es bis heute geblieben. Mit dem Aufbau von Bibliotheken und wissenschaftlichen Archiven wurden diese Außenstellen bald Forschungszentren, die von ansässigen Fachleuten genutzt werden konnten. Sie boten aber auch Übernachtungsmöglichkeiten und Verpflegung, um den Auslandsaufenthalt der Wissenschaftler zu erleichtern. Die oft unwirtliche Umgebung veranlasste die Archäologen auch zum Bau von Grabungshäusern, um die eigene Versorgung sicherzustellen und das geborgene Fundmaterial zu schützen und zu lagern.

Die Zweigstelle in Smyrna, dem heutigen Izmir, repräsentierte das Österreichische Archäologische Institut in der Türkei, fiel allerdings in den Wirren des Türkisch-Griechischen Kriegs um 1920 einem Brand zum Opfer und wurde aufgrund der desaströsen finanziellen Situation des Instituts in Wien in weiterer Folge geschlossen. Bis zum heutigen Tag verfügt Österreich trotz der großen Grabungsprojekte über keine archäologische Vertretung in der Türkei. Die im späten 19. Jahrhundert gegründete Zweigstelle Athen hat hingegen bis heute Bestand. Sieht man von der Angliederung an das Deutsche Archäologische Institut während der Zeit des Nationalsozialismus ab, stellt die Zweigstelle Athen seit ihrer Gründung eine durchgehende Repräsentanz österreichischer Archäologie in Griechenland dar. Seit 1973 unterhält das Österreichische Archäologische Institut eine Zweigstelle in Kairo, die gerade in jüngster Zeit trotz Revolution und politischen Umwälzungen in Ägypten an der Erforschung und dem Schutz des kulturellen Erbes des Landes festhält.

Ephesos und die österreichische Archäologie

Die Grabungen in Ephesos hatten großen Einfluss auf die archäologische Forschung in Österreich. Als direkte Konsequenz wurde 1898 das Österreichische Archäologische Institut mit dem expliziten Ziel gegründet, den Ausgrabungen in Ephesos eine solide Basis zu verleihen und deren langfristige Durchführung zu gewährleisten. Dafür wurden Geldmittel bereitgestellt, die auch in Ausbildung und Forschung flossen. Otto Benndorf, der erste Grabungsleiter in Ephesos, war gleichzeitig Ordinarius für Klassische Archäologie an der Universität Wien und konnte die neuen Erkenntnisse direkt an die Studierenden weitergeben.

Für den Forschungsstandort Wien bzw. Österreich insgesamt bot eine Ausgrabung im Mittelmeerraum – an einem kulturhistorisch bedeutsamen Ort – die Möglichkeit, sich in der archäologischen Wissenschaft international zu positionieren. Dabei ging es insbesondere um das Erlangen einer Führungsposition auf europäischer Ebene in direkter Konkurrenz, aber auch in Kooperation mit anderen Grabungsunternehmen. Es ist keineswegs falsch, diesen Anspruch als Wissenschaftsimperialismus zu bezeichnen, der von Europa ausgehend in den Mittelmeerraum und den Orient transferiert wurde.

Bei den frühen Grabungspublikationen handelt es sich um ganzheitliche Betrachtungen, die nicht nur die Vergangenheit, sondern auch die Gegenwart miteinbezogen. So werden nicht nur die antiken Ruinenstätten beschrieben, sondern auch zeitgenössische Sitten und Gebräuche. Otto Benndorf widmet dem friedlichen Zusammenleben von Griechen und Türken im Raum von Ephesos einen langen Abschnitt in Ausgabe I der »Forschungen in Ephesos« – eine Einschätzung, die durch die bald darauf über die Region hereinbrechenden Ereignisse geradezu konterkariert wird. Große Aufmerksamkeit wird auch den Naturbeschreibungen geschenkt. Landschaft, Pflanzen- und Tierwelt, Geologie und selbst Klima und Wetter finden ausreichend Berücksichtigung. Im Sinne einer Kulturgeografie werden die naturräumlichen Voraussetzungen in direkte Verbindung zu den menschlichen Aktivitäten gesetzt. Dazu gehörte auch eine minutiöse Erfassung aller oberflächig sichtbaren Ruinen, eingebettet in großräumige topografische Karten.

Aber auch vonseiten der historischen Perspektive ist eine epochenübergreifende Erforschung historischer Prozesse und kulturhistorischer Phänomene zu konstatieren. Deutlich ablesbar ist das Bemühen, jeder Epoche gerecht zu werden und dadurch ein möglichst umfassendes und lückenloses Bild der Siedlungsgeschichte einer Region zu entwerfen. Dies hat zur Folge, dass zwar die Schwerpunkte auf den griechischen und römischen Epochen liegen, dass aber auch die byzantinischen und die türkischen Monumente eingehende Berücksichtigung finden. Dies sollte sich im 20. Jahrhundert gravierend ändern. Unter dem starken Einfluss des Sozialdarwinismus setzte sich auch in der Archäologie eine qualitative Bewertung von kultureller Hinterlassenschaft durch. Nun musste nicht mehr alles mit der gleichen Akribie beschrieben und analysiert werden, und es erstaunt daher auch nicht, wenn man in Grabungstagebüchern ab und an liest: »Römisches Gebäude leider von byzantinischer Mauer überbaut, abgeräumt, Problem gelöst.«

Nach dem Ersten Weltkrieg

Die Hochblüte des eurozentrischen Kolonialismus und des Imperialismus ist erst nach dem Ersten Weltkrieg anzusetzen, allerdings hatte sich Österreich zu diesem Zeitpunkt bereits vom Parkett der Mitspieler verabschiedet. Die wirtschaftlichen Probleme der neu gegründeten Republik Österreich ließen auch den Archäologen wenig Spielraum für ihre Aktivitäten. Aus dem einstmaligen prestigeträchtigen Wettstreit um Grabungen war ein Überlebenskampf der Archäologie geworden. Mit geringsten finanziellen Mitteln wurde versucht, die Forschungsaktivitäten aufrechtzuerhalten. Unterstützung kam vom privaten Sektor, da in finanzieller Hinsicht vom Staat nur wenig erwartet werden konnte. Zudem sah sich die österreichische Archäologie durch den Territorialverlust großer Teile der ehemaligen Monarchie zahlreicher Grabungen beraubt. Man war gezwungen, sich neu zu positionieren, und dies gelang erstaunlich gut. Viele Forscher konnten aufgrund hervorragender persönlicher Kontakte an ihre Ausgrabungsstätten in ehemaligen Kronländern zurückkehren und in Form von Kooperationsprojekten weiterarbeiten. So nahmen österreichische Archäologen ihre Aktivitäten am Balkan und an der oberen Adria wieder auf, eine Tradition, die sich bis zum heutigen Tag fortsetzt.

Der Untergang des Osmanischen Reiches führte zudem in zahlreichen Mittemeerländern zu geänderten Rahmenbedingungen für die Archäologie. In den nun ausgerufenen Nationalstaaten wurden, oft noch mit Hilfe anderer europäischer Staaten, Antikendienste aufgebaut. Die Ausfuhr von Kunstwerken wurde stark eingeschränkt, in den meisten Ländern bald vollständig verboten.

Zwischenkriegszeit in Ephesos

Die Grabungsaktivitäten in Ephesos wurden nach dem Ersten Weltkrieg aufgrund der veränderten politischen und wirtschaftlichen Rahmenbedingungen stark reduziert und auf einige Schwerpunktprojekte konzentriert. Dazu gehörte die Erforschung der Thermen und generell der Wasserversorgung von Ephesos. Man beschäftigte sich mit der Infrastruktur und der Versorgung einer antiken Großstadt, und dieses starke Interesse an öffentlichen Hygieneeinrichtungen wie Bädern, Brunnen und Wasserleitungen darf sicherlich auch als Reaktion auf damalige zeitgeschichtliche Fragestellungen verstanden werden. Die Verbesserung hygienischer Standards und somit die Steigerung der Lebensqualität in den Großstädten beschäftigte die Menschen des frühen 20. Jahrhunderts, und daher verwundert es nicht, wenn vergleichbare Fragen auch an die Vergangenheit gerichtet wurden. Wie war es in der Antike überhaupt möglich, Hygienestandards zu etablieren und zu halten? Wie funktionierte die Versorgung mit Wasser, das oft kilometerweit von in den Bergen gelegenen Quellfassungen herangeschafft wurde? Welche Möglichkeiten bot die Stadt, um sich zu reinigen; was versteht man unter antiker Badekultur?

Ein zweites Schwerpunktprojekt der Zwischenkriegszeit widmete sich intensiv den christlichen Monumenten, die bereits seit Beginn der Grabungen freigelegt worden waren. Ephesos war eines der wichtigsten frühchristlichen Wallfahrtszentren und das Ziel vieler Pilger. Diese suchten die zahlreichen Kirchen auf, darunter die Johannesbasilika, die Marienkirche – Austragungsort des Konzils von 431 und Zentrum der Marienverehrung – und das Sieben-Schläfer-Coemeterium, eine Begräbnisstätte der römischen Kaiserzeit und bedeutendes Pilgerheiligtum in der Spätantike und im Mittelalter. Die hier verehrten Sieben Schläfer, deren Gräber man im Zentrum der Anlage zeigte, wurden als lokale Heilige und Märtyrer verehrt. Die Gläubigen deponierten unzählige Lampen und verewigten sich auch in Ritzinschriften auf den Wänden. Diese Relikte sind Zeugen eines ungebrochenen Pilgerbetriebs von der Antike bis in die Frühe Neuzeit.

Die Beschäftigung mit dem frühen Christentum in Ephesos geht einerseits auf das 19. Jahrhundert zurück, spiegelt aber gewissermaßen auch die Wünsche von privaten Geldgebern wider. So waren sowohl die zur Verfügung gestellten Mittel der Rockefeller Foundation als auch jene der Notgemeinschaft Deutscher Wissenschaft an die Erforschung christlicher Denkmäler gekoppelt. Zwar wäre es wohl übertrieben, hier von Auftragsforschung zu sprechen, jedoch muss man sich bewusst sein, dass Geldgeber letztendlich Forschungsschwerpunkte beeinflussen. Schließlich mögen auch konservativ-christliche politische Strömungen in Österreich das Interesse an den christlichen Monumenten in Ephesos gefördert haben. Archäologen sind immer auch Kinder ihrer Zeit.

Archäologie unter dem Hakenkreuz

Der Nationalsozialismus bzw. die nationalsozialistische Idee bediente sich der Thesen der evolutionären Kulturanthropologie, um die eigenen Ideologien zu bekräftigen. Dabei geht es zum einen um eine Gegenüberstellung biologisch determinierter, höherstehender versus minderwertiger Kulturen, zum anderen aber auch um Individuen, die sich in Herrenmenschen und Untermenschen eingliedern lassen sollten. Diese Ideologie fand auch in der Archäologie und in fachverwandten Wissenschaftszweigen ihren Niederschlag, etwa in der Rassenkunde der altertumskundlichen und archäologischen Forschung, wobei Kultur- bzw. Volkszugehörigkeit immer stärker biologisch definiert wurde. In diesem Zusammenhang erlebte auch die historische Anthropologie einen Höhenflug, und das Vermessen von Skeletten, insbesondere der Schädel, gehörte zum Instrumentarium des nationalsozialistischen Altertumskundlers. Bei der Bewertung historischer Prozesse wurde Einzelpersönlichkeiten eine herausragende Stellung – Führerqualitäten – zugesprochen, ebenso wie eine möglichst scharfe Abgrenzung von Kulturen untereinander versucht wurde. Kulturelle Einheitlichkeit und Reinheit des Fundmaterials waren demzufolge Kriterien für eine »hochstehende« Kultur, dagegen deutete eine Vermischung auf »Dekadenz« und »Minderwertigkeit« hin. Besonders eindrucksvoll sollte dies am Beispiel der Römer verdeutlicht werden, wo die Infiltration und Übernahme fremder Einflüsse sowie die städtische Verweichlichung gemäß nationalsozialistischer Interpretation eine ursprünglich starke Volkskultur in das Verderben geführt hätte.

Auf österreichischem Boden erlebte die Germanen- und Keltenforschung während des Nationalsozialismus eine Hochblüte. Grabungen waren nun aber auch Führersache. So wurde beispielsweise Carnuntum zum archäologischen Prestigeprojekt der Nationalsozialisten in Österreich. Medienwirksam wurden Geldmittel zur Verfügung gestellt, und immer wieder besuchten hochrangige Delegationen die Grabungen. Der Befehl »Carnuntum wird ausgegraben« kam von Adolf Hitler persönlich, denn er, so eine zeitgenössische Publikation, »*erkannte mit dem Scharfblick des Künstlers ... das gewaltige Problem der Erforschung einer Stätte, an der einst Germanen und Römer nicht nur in heldenhaftem Kampfe ihre Kräfte maßen, sondern auch in friedlichem Wettstreit die Werte ihres schöp-*

ferischen Geistes einander nahebrachten« (F. Kreuz, Rätsel um Carnuntum, 1939). Die zur Verfügung gestellten Mittel waren gewaltig, allein in den ersten Grabungsjahren wurden 5 Millionen Reichsmark zugesagt. Aber auch die Karnburg in Kärnten lag dem »Führer« am Herzen. Hier sollte die Archäologie propagandistisch die Beweisführung für die Legitimation Kärntens als deutscher Raum liefern. Die Archäologie wurde im Nationalsozialismus zum Werkzeug der völkischen Legitimationsfrage.

So berechtigt es ist, von einem Missbrauch der Archäologie als Wissenschaft für realpolitische und ideologische Zwecke zu sprechen, so selten trifft dies auch auf die Archäologen und Altertumsforscher als Einzelpersonen zu. Manche von ihnen waren aktiv an der Umsetzung nationalsozialistischer Ideologien in der Archäologie beteiligt und verdanken ihre Karriere dem Regime, andere nutzten das Interesse der Führungsriege für ihre Forschungsinteressen. Nur wenige gingen in den Widerstand oder verzichteten aufgrund ideologischer Bedenken auf eine Karriere. Als das Österreichische Archäologische Institut im Jahr 1939 offiziell dem Archäologischen Institut des Deutschen Reiches angeschlossen und als Zweigstelle Wien weiterbetrieben wurde, war der geistige Anschluss längst vollzogen. Die österreichischen Archäologen in Ephesos bedanken sich bereits 1934 und 1935 überschwänglich bei der Botschaft und dem Konsulat des Deutschen Reiches für die logistische Unterstützung vor Ort, die österreichische Vertretungsbehörde wird dagegen nur marginal erwähnt.

Aus den Verhandlungsunterlagen der Vereinigung beider Institutionen geht hervor, dass die österreichische Position mit Wohlwollen zur Kenntnis genommen wurde, denn: »*Die Wiener haben bisher keine anderen Wünsche gehabt, als daß ihnen ihr bisheriger Wirkungskreis erhalten bleibt.*« Die Forschungsschwerpunkte lagen auf dem römischen und germanischen Erbe Österreichs, den Ausgrabungen in Carnuntum sowie dem Balkan. Die Wiener Archäologen erhoben Anspruch auf eine Führungsrolle bei der im Deutschen Reich etablierten »Südostforschung«, dem auch entsprochen wurde, denn – so ist in den Unterlagen weiter zu lesen – »*dass dies der naturgegebene Anspruch Wiens ist und einer der Angelpunkte des Anschlussgedankens, das kann doch nicht zweifelhaft sein.«*

Mit dem Einsetzen der Großgrabung in Carnuntum boten sich am Österreichischen Archäologischen Institut auch neue Anstellungsmöglichkeiten für Archäologen, wobei bei deren Auswahl auf opportune politische Gesinnung geachtet wurde. Archäologen in hohen akademischen Positionen waren auch in Österreich an der Vertreibung jüdischer Gelehrter beteiligt. Nach 1945 kam es zwar kurzfristig zu Amtsenthebungen und Berufsverboten, die jedoch in den meisten Fällen bald wieder aufgehoben wurden. Letztendlich wechselten manche lediglich ihr Vokabular und sprachen nun nicht mehr von »Volk«, sondern von »Kultur«, ohne sich allerdings inhaltlich von rassenideologischen Vorstellungen zu verabschieden.

Nach dem Zweiten Weltkrieg setzte im Zuge der Entnazifizierungsverfahren eine Welle der gegenseitigen Beschuldigungen ein, wohl auch, um Karrieren zu verhindern und persönliche Fehden auszutragen. Andererseits führten aber auch Interventionen von Kollegen dazu, dass Personen, die mit einem Berufsverbot belegt worden waren, ihren Beruf wieder ausüben konnten. Die nationalsozialistische Ära hinterließ außerdem nachhaltige Spuren in der weiteren Entwicklung der archäologischen Forschung in Österreich. Die über Jahre gepflegte Konzentration auf das nationale Erbe machte es schwer, wieder den Anschluss an die internationale Forschung zu finden.

Wohl als Reaktion auf die ideologielastige Ausrichtung der Archäologie im sogenannten Dritten Reich beschränkte man sich in den Jahrzehnten danach auf eine positivistische Erfassung des Befundes und verabsäumte es, an der insbesondere im angelsächsischen Raum massiv vorangetriebenen Methodenentwicklung und Theoriebildung zu partizipieren. Während die österreichische Archäologie in den letzten Jahrzehnten der K.-u.-k.-Monarchie und in der Zwischenkriegszeit auch im internationalen Vergleich in vielen Bereichen federführend und zukunftsweisend gewesen war und sich mit der Wiener Schule eine die moderne Archäologie vorwegnehmende Richtung etabliert hatte, ist in der Nachkriegszeit eine Phase der Stagnation zu verzeichnen. Ausschlaggebend war letztendlich auch die dünne Personaldecke, verursacht durch den Verlust intellektuellen Potenzials, sei es durch Emigration, Ermordung oder durch Kriegsverluste.

Der eigenen Glanzzeit auf der Spur

Letztendlich galt es nach 1945 aber auch, die jüngste Vergangenheit vergessen zu machen und an frühere Zeiten anzuknüpfen. Ein beredtes Zeugnis liefert die Wiederaufnahme der Grabungen in Ephesos nach dem Zweiten Weltkrieg unter Franz Miltner. Aufgrund seiner Nähe zum nationalsozialistischen Gedankengut wurde er 1947 in den vorzeitigen Ruhestand versetzt, jedoch 1954 als Staatsarchäologe 1. Ranges wieder am Österreichischen Archäologischen Institut angestellt und mit der Grabungsleitung beauftragt. In seinem erklärten Ziel, die Stadt vom Schutt zu befreien und ihren ursprünglichen Glanz wiederherzustellen, spiegelt sich nicht zuletzt das tiefe Bedürfnis der Menschen in der Nachkriegszeit, aufzuräumen und Ordnung zu schaffen, allerdings auch die Gräuel der jüngsten Vergangenheit zu verdrängen und sich stattdessen einer weiter zurückliegenden Zeit zu besinnen, an die man sich in Stolz und Würde erinnern durfte.

Für Ephesos bedeutete dies die Rekonstruktion der kaiserzeitlichen Stadt. Die Trümmer der antiken Ruinen wurden ebenso beseitigt wie die schadhaften und zerstörten Gebäude in den zerbombten europäischen Städten, und es wurde ein Wiederaufbau eingeleitet. Bei großflächigen Ausgrabungen wurden ganze Stadtviertel, Straßen und Monumente zügig freigelegt, oftmals standen mehr als hundert Arbeiter im Einsatz, um die Erdmassen zu bewältigen. Der Dokumentation wurde vergleichsweise wenig Augenmerk geschenkt; nicht der Prozess der Ausgrabung, sondern das ausgegrabene Monument oder Objekt stand im Mittelpunkt des Forschungsinteresses. Dies hatte zur Folge, dass einerseits große Areale in vergleichsweise kurzer Zeit bewältigt werden konnten, andererseits aber eine genaue Beobachtung von Bauphasen und Schichtabfolgen ausblieb.

Männer und Frauen

Während auf dem universitären Sektor Archäologinnen schon früh in Führungspositionen kamen und Professuren besetzten, war die Grabungsarchäologie lange Zeit eine männlich dominierte Wissenschaft. Der Grund dafür liegt wohl in der Art der Tätigkeit selbst, die bisweilen körperlich sehr anstrengend und kraftraubend sein kann. Dazu kommt, dass Grabungen mit Arbeitern, Werkzeugen und Gerätschaft bis hin zu Baggern und Kränen in gewisser Weise Bauunternehmen ähneln. Graben ist demnach »Männersache«, wie sollten sich auch die akademisch gebildeten Archäologinnen auf den Baustellen behaupten? Dies führte zu einer traditionellen Trennung zwischen der Ausgrabungstätigkeit, die bevorzugt von Männern geleitet wurde, und der Fundbearbeitung in den Depots durch Frauen. Auch die Archäologie hatte also ihre »drei K«: Kinder, Küche und Keramik! In den letzten Jahrzehnten hat sich diese Situation zwar deutlich verändert, jedoch sind bis heute die Grabungsleitungen sowohl auf nationaler als auch auf internationaler Ebene vorwiegend mit Männern besetzt.

Die Liste der geschlechterspezifischen Vorurteile ist lang. Zum einen wird die Unvereinbarkeit von Beruf und Familie ins Treffen geführt. Auch ich wurde noch gefragt, ob die beruflich bedingte intensive Reisetätigkeit mit meiner Verantwortung als Mutter in Einklang zu bringen sei. Und es ist tatsächlich noch immer so, dass die Gesellschaft lange berufsbedingte Abwesenheiten von Vätern als Notwendigkeit, ja geradezu als Voraussetzung für eine Karriere akzeptiert und unterstützt, während längere – genauso notwendige – Dienstreisen von Müttern auf Unverständnis stoßen. Ich wage zu bezweifeln, dass meine männlichen Kollegen auch permanent gefragt werden, wie sie denn die Reise- und Grabungstätigkeit mit ihrer Rolle als Väter in Einklang bringen können und ob sie nicht ständig ein schlechtes Gewissen hätten. Während Frauen ihre Familiensituation beruflich argumentieren müssen, wird diese bei Männern gerne als Privatsache angesehen und als solche auch respektiert. Es gilt, genau diesen Respekt auch für die Frauen in der Forschung einzufordern. In meinem Umfeld ist zu beobachten, dass männliche Kollegen eine örtliche Trennung von ihren Familien weiterhin in Kauf nehmen, während die Frauen verstärkt versuchen, sie zu integrieren. Um Frauen Karrieren zu erleichtern und um Männern ihre Kinder nicht weiter vorzuenthalten, halte ich es daher für unumgänglich, die Arbeitswelt familiengerecht zu gestalten und ein Umfeld zu schaffen, in dem Kinder willkommen sind und nicht als Handicap angesehen werden.

Zum anderen wird aber auch mit der Grabungstätigkeit selbst argumentiert und bezweifelt, dass sich Frauen in einer männlich dominierten Arbeiterwelt unter Kränen und Baggern, Schaufeln und Spitzhacken durchsetzen können. Als ob unsere männlichen Kollegen – allesamt Archäologen mit einer humanistisch-geisteswissenschaftlichen Ausbildung – mehr Erfahrung im Umgang mit schwerem Baugerät hätten – ich habe jedenfalls noch keinen mit einem Baggerführerschein kennengelernt!

Schließlich wird bei den Auslandsprojekten auch noch die kulturelle Komponente ins Treffen geführt, meist ohne genaue Kenntnis der landesüblichen Praxis. So geht man in Mitteleuropa gerne davon aus, dass es Frauen beispielsweise in der Türkei in Führungspositionen wesentlich schwerer hätten als Männer. Diese Annahme ist ein klassisches Vorurteil und stimmt mit den bislang vorherrschenden Gegebenheiten im Land selbst überhaupt nicht überein. Ein schneller Blick auf die türkische Universitätslandschaft, den Verwaltungsapparat und die Wirtschaft würde genügen, um zu sehen, dass das Land über eine lange Tradition von Frauen in höchsten Führungspositionen verfügt. Österreich wartet noch auf seine erste Bundeskanzlerin bzw. Premierministerin, die Türkei hatte sie schon!

Nur um keine Missverständnisse aufkommen zu lassen: Es soll überhaupt nicht abgestritten werden, dass es für jemanden in der Forschung schwierig ist, Familie und Beruf zu vereinbaren. Dies gilt allerdings für Männer genauso wie für Frauen. Forschung ist mit hohem Zeitaufwand und großem Engagement verbunden, für viele ist es ein Lebenskonzept. Der Beruf beherrscht den Tages- und den Jahresrhythmus. Familie und speziell Kinder fordern ebenso Zeit ein – zu Recht. Umso wichtiger ist es, Rahmenbedingungen zu schaffen, in denen die Vereinbarkeit möglich ist und vor allem auch gesellschaftliche Akzeptanz findet. Auf die Frage, welcher Arbeit denn meine Tochter einmal nachgehen möchte, meinte sie einmal lapidar: »Ich glaube, ich werde gar nichts tun, die Arbeit von der Mama reicht für zwei!«

Von den »big digs« zur Stratifikation

Die Großgrabungen, auch als »big digs« bezeichnet, hatten sich in den 60er-Jahren des 20. Jahrhunderts weitgehend überlebt. Mit der Weiterentwicklung der Grabungsmethoden und insbesondere mit der Einführung der genauer werdenden Schichtbeobachtung rückte immer mehr der Prozess des Freilegens in den Fokus der Feldarchäologie. Zwar hatte die detaillierte Dokumentation von Grabungen eine Verlangsamung und eine Verteuerung des Grabungsprozesses zur Folge, allerdings veränderte diese Vorgangsweise auch den Blickwinkel auf die Artefakte grundsätzlich. Das Endprodukt – der ausgegrabene archäologische Befund, ein Monument oder ein Objekt – stellte nun nicht mehr den Höhepunkt, sondern den Abschluss eines Prozesses dar. Dementsprechend wurden auch die ausgegrabenen Artefakte auf Funktion, Gebrauch und Herstellungsart analysiert und in einen kulturellen Kontext gestellt.

In weiterer Folge etablierte sich die Grabungsarchäologie als wissenschaftliche Teildisziplin und emanzipierte sich endgültig vom Vorurteil reiner handwerklicher Tätigkeit, als welche sie bis dahin gerne angesehen wurde. Aus dem mechanischen Ausschaufeln entwickelte sich ein intellektueller Vorgang, bei dem die Abläufe sukzessiver und logisch nachvollziehbarer historischer Prozesse rückverfolgt werden. Mit der Ausbildung archäologischer Feldmethoden kam auch der Auswertung der materiellen Hinterlassenschaft immer größere Aufmerksamkeit zu. Während traditionellerweise auf Basis historischer Überlegungen sowie epigraphischer und literarischer Zeugnisse Datierungen vorgenommen wurden und man die Befunde gerne in dieses Korsett einbettete, entwickelten sich nun langsam eigenständige archäologische Chronologiesysteme, unterstützt von naturwissenschaftlichen Methoden. Die Grabungsarchäologie löste sich immer mehr von der Altertumsforschung und etablierte sich nicht zuletzt aufgrund spezifischer Methoden als eigene Disziplin.

Kontextuelle Archäologie ist ein anderes Stichwort in diesem Zusammenhang. Jedes Objekt erhält seine konkrete Bedeutung erst aus dem jeweiligen Kontext, in dem es verwendet wurde. Umgekehrt kann allerdings ein Objekt einen Kontext definieren. Besonders leicht lässt sich dies an Artefakten erklären, die sowohl einen funktionalen als auch symbolischen Sinngehalt haben können. In einem Haus gefunden, können Spinnutensilien beispielsweise die Herstellung von Wolle und somit handwerkliche Tätigkeiten belegen. Als Grabbeigabe symbolisieren sie die (mutmaßlich) weiblichen Tugenden der Verstorbenen.

Die österreichische archäologische Landschaft, deren Fokus immer auf der Feldforschung lag, kennt keine strikte Trennung der einzelnen Disziplinen. Daher erstaunt es auch nicht, dass die ägyptologische Siedlungsarchäologie in Wien etabliert und mit der »Wiener Schule« eine Verschränkung aller altertumskundlichen Fachrichtungen postuliert wurde. Lehrstühle wurden dementsprechend besetzt und Forschungseinrichtungen danach ausgerichtet und ausgestattet. Zudem wird in Österreich die Provinzialarchäologie als Teil der Klassischen Archäologie verstanden, was auch durchaus Sinn macht. Was verbindet das norische Virunum, die Stadt Aigeira auf der Peloponnes, den Handelsstützpunkt Syene in Oberägypten oder die kleinasiatische Metropole Ephesos? Sie befinden sich in ehemaligen römischen Provinzen, wenn auch zugegebenermaßen in kulturell sehr unterschiedlich geprägten. Eine Provinzialarchäologie, die als Archäologie der römischen Provinzen aufgefasst wird, ist daher zweifelsohne integraler Bestandteil der Klassischen Archäologie. Der Unterschied liegt bisweilen in den Methoden, deren Möglichkeiten und Anwendung sich allerdings nicht an Kulturräumen oder Epochen, sondern an Fragestellungen orientieren müssen.

Es liegt auf der Hand, dass bei prähistorischen Grabungen andere Methoden zum Einsatz kommen müssen als bei der Freilegung von Monumentalarchitektur. Ebenso unbestritten ist die Tatsache, dass die Interpretation visueller Quellen im Allgemeinen und von Kunstwerken im Speziellen eine andere Herangehensweise erfordert als die Bearbeitungen von Planierschichten und Abfallgruben. Letztendlich sind es aber schlicht unterschiedliche Methoden – sei es nun Stilanalyse, Ikonographie, Typologie, Stratifikation oder naturwissenschaftliche Analyseverfahren – mit demselben Ziel, die materielle Hinterlassenschaft eines bestimmten Kulturraums zu erforschen. Genauso wie die Griechen der Klassik trotz Parthenon und Phidias ihren Müll zu entsorgen hatten, entwickelten selbst die entlegensten Nordprovinzen künstlerisches Schaffen.

Unglücklich gewählt ist die Bezeichnung »(früh)christliche Archäologie« für die Erforschung der christlich geprägten spätantiken Kultur bzw. deren Weiterwirken in Byzanz. Die Wurzeln der Disziplin liegen in der Theologie und hier insbesondere der Kirchengeschichte. Übertragen auf die Archäologie bedeutet dies jedoch eine große inhaltliche und methodische Überschneidung mit verwandten archäologischen Fächern, wie der Ur- und Frühgeschichte und der Klassischen Archäologie. Die frühchristliche Hinterlassenschaft aus ihrem kulturellen Kontext herauszulösen und quasi exklusiv zu interpretieren, wird heute weitgehend abgelehnt. Vielmehr wird die christliche Archäologie immer stärker als Teil der Byzanzforschung angesehen, die ihrerseits wiederum Überschneidungen mit der Mittelalterarchäologie aufweist. Noch immer ist die archäologische Forschung in Österreich stark europazentrisch. Universitäre Ausbildungsmöglichkeiten für asiatische, afrikanische oder amerikanische Archäologie fehlen genauso wie eine dafür notwendige Infrastruktur. Stand lange das Freilegen von Monumenten und die Entdeckung von herausragenden Einzelobjekten im Zentrum der Grabungsaktivitäten, so nimmt heute die Erforschung der Alltagskultur einen immer wichtigeren Platz ein. Nicht mehr das Außergewöhnliche ist vorrangig, sondern das Alltägliche, Normale und Durchschnittliche rückt in den Brennpunkt des archäologischen Interesses. Gerade das Gewöhnliche stellt die Forschung vor große Herausforderungen, und scheinbar banale Fragen erfordern den Einsatz interdisziplinärer Methoden. Versucht man beispielsweise, eine möglichst fundierte Antwort auf die Frage nach Essgewohnheiten in Ephesos während der römischen Kaiserzeit zu geben, so ist dazu eine Auswertung der literarischen, epigraphischen und bildlichen Quellen, der Architektur und des Mobiliars, der Gefäße und Objekte, der Tierknochen, der botanischen Großreste, der Pollen und der Phytolithe notwendig. Man kann aus dieser langen Liste schon erahnen, wie unterschiedlich die dabei angewendeten Methoden sind und wie komplex die Auswertung dieses scheinbar einfachen Themas ist.

2.
Archäologie und Öffentlichkeit

Wie ich bereits im Kapitel »Archäologie und Zeitgeschichte« ausgeführt habe, war die Archäologie im 19. und 20. Jahrhundert immer wieder Spielball der Politik und wurde für machtpolitische sowie identitätsstiftende Interessen herangezogen und zuweilen missbraucht. Aber auch heute, zu Beginn des 21. Jahrhunderts, ist die Archäologie eine Wissenschaftssparte, die immer wieder eine Rolle in Politik und Diplomatie spielt. Man denke nur an die aktuellen Diskussionen um die Rückgabe von Kunstwerken, die heute Schmuckstücke europäischer Museen sind, allerdings von den Herkunftsländern – insbesondere Griechenland, Ägypten, der Türkei, aber auch Mexiko – eingefordert werden.

Dabei muss zwischen Fundgegenständen aus dem illegalen Kunsthandel bzw. aus ungesicherter Provenienz und solchen, die im Zuge von Ausfuhrverträgen, legalen Fundteilungen und der Schenkungspolitik unter Herrscherhäusern ihre Besitzer wechselten, unterschieden werden. Auch sind Antiquitätenhandel und die Verschleppung von Kunstgegenständen keine Erfindung des 19. Jahrhunderts, denn schon die öffentlichen Plätze und privaten Gärten der Römer waren geschmückt mit ägyptischen Obelisken und griechischen Skulpturen. Illegaler Handel mit archäologischen Objekten ist ein Verbrechen. Er zerstört den historischen Zusammenhang, in dem die Relikte – meist bei Raubgrabungen – entdeckt wurden, und damit geht Wissen für immer verloren. Unser gemeinsames Anliegen muss sein, solche Aktivitäten zu unterbinden.

Es besteht kein Zweifel darüber, dass viele Objekte nur deshalb erhalten sind, weil sie noch rechtzeitig vor ihrer endgültigen Zerstörung gerettet und abtransportiert wurden. Prominentestes Beispiel hierfür ist der Pergamonaltar, der von den damaligen Bewohnern von Bergama als Steinbruch genutzt und zu Kalk verarbeitet hätte werden sollen. Aber auch wenn diese Kunstgegenstände mit offiziellen Genehmigungen, Stempeln und Siegeln ausgeführt wurden, so sind sie trotzdem prominente Zeugen eines eurozentrischen Kulturimperialismus, und auch die zwar legale, aber oft großzügig ausgelegte Fundteilung ist heutigen ethischen Einschätzungen zufolge durchaus problematisch. So wurde die Unkenntnis des Personals vor Ort ausgenutzt, um ungleich aufzuteilen, also Wertvolleres mitzunehmen und weniger Wertvolles zurückzulassen. Dafür erwartet man heute wenn schon keine Entschuldigung, dann zumindest ein Eingeständnis und die symbolische Rückgabe von einzelnen Stücken. Auf vehemente Forderungen folgen ebenso vehemente Ablehnungen vonseiten der Museen – man befürchtet, einen Stein ins Rollen zu bringen, dessen Dynamik nicht abschätzbar ist und dessen mögliche Auswirkungen nicht kalkulierbar sind.

Die Diskussionen werden bisweilen höchst emotional und begleitet von großem Medieninteresse geführt, was der Sache häufig wenig dienlich ist. Besonders offensiv werden Rückgabeforderungen von Griechenland, der Türkei, Ägypten und Mexiko gestellt. Weltweit werden Gegenstände in Museen und im Kunsthandel auf ihre Provenienz sowie auf illegale Ausfuhren auch in der Vergangenheit untersucht. Zudem versucht man, die Gepflogenheiten von Fundteilungen und Ausfuhrgenehmigungen moralisch zu hinterfragen. So verständlich und begrüßenswert diese Initiativen sind, so irritierend ist die populistische Vereinnahmung der Diskussion. Die Rückführung von Fundgegenständen an deren Herkunftsort wird zu einer nationalen Frage, obwohl sie aus Epochen stammen, denen jeder Nationalgedanke fremd war. Vielfach wird die Herkunft oder die – um einen höchst problematischen Begriff in die Diskussion einzubringen – »Heimat« eines Objekts durch moderne Staatsgrenzen definiert. Entscheidend ist nicht die Rückführung und Aufstellung eines Objekts am Fundort selbst, sondern der Transfer in jenen Nationalstaat, in dem sich der Fundort heute befindet und der sich daher als legitimer Eigentümer und Verwalter des kulturellen Erbes versteht. Folgt man dieser Argumentation, so spricht auch nichts gegen die Ausstellung eines zurückgegebenen Objekts in einem zentralen nationalen Museum, fernab des eigentlichen Fundorts. Dass bei den Rückgabediskussionen weniger die Heimkehr des Objekts, sondern vielmehr der Nationalgedanke federführend zeichnet, wird schon dadurch belegt, dass es keinerlei innerstaatliche Rückgabeforderungen gibt. Auch in Österreich denkt bekanntermaßen niemand daran, die Funde vom Magdalensberg, die heute im Kunsthistorischen Museum in Wien zu sehen sind, »nach Hause« zu bringen. Archäologie hat also eine stark identitätsstiftende Komponente. In Griechenland beispielsweise sind die archäologischen Denkmäler elementare Bestandteile des modernen nationalen Selbstverständnisses, und auch in der Türkei wirkt die Archäologie identitätsbildend. Die in der archäologischen Forschung als »Anatolismus« bezeichnete Berufung auf Anatolien als innovativen Kulturraum mit großer Strahlkraft auf umliegende Zivilisationen, aber auch als traditionell autochthones Siedlungsgebiet, ist eine Antwort auf die über Jahrhunderte kultivierte eurozentrische Sichtweise auf den östlichen Mittelmeerraum und speziell auf Kleinasien, und sie ist unmittelbar mit dem neuen türkischen Selbstbewusstsein auch in der akademischen Welt in Zusammenhang zu bringen.

Archäologie und Identität

Aber warum in die Ferne schweifen – auch in Österreich finden sich zahlreiche Beispiele für die identitätsstiftende Wirkung der Archäologie. Nehmen wir etwa Kärnten und die Frage nach der Einwanderung der Slawen im frühen 7. Jahrhundert n. Chr. Die slawische Landnahme wird nicht nur wissenschaftlich, sondern auch in der Kärntner Regionalgeschichte und Landespolitik kontrovers und mitunter emotional diskutiert. Von den Zweiflern wird immer wieder die Tatsache ins Treffen geführt, dass archäologische Artefakte, die eine Ansiedlung von Slawen beweisen könnten, fehlen und daher die in der Literatur überlieferte Landnahme in Wahrheit überhaupt nicht oder wesentlich später stattgefunden hätte. Die Region wäre dementsprechend mehr oder weniger von der Römerzeit in die Spätantike und danach direkt in das deutsche Mittelalter übergegangen.

Die frühen Slawen stellen die Archäologie tatsächlich vor ein Problem, wie ich im Kapitel »Archäologie und Mobilität« zeigen werde. Sie hinterließen wenig Beständiges, das sich für einen materiellen Nachweis eignet. Zudem waren es keine Menschenmassen, die ins Land zogen und hier ihre verstreuten Siedlungen gründeten. Als sich im Verlauf des 8. Jahrhunderts die slawische Sozialstruktur ändert und sich Hierarchien herausbilden, verändert sich auch das materielle Bild. Auf markanten Höhenrücken werden Fürstensitze gebaut, im Zuge der Christianisierung wird die Körperbestattung übernommen, und es entstehen massive Kirchen aus Stein. Dadurch ist auch die Archäologie in der Lage, die Slawen oder – wie man sie nun nennt – Karantanen nachzuweisen. Eine Kultur, die für die Dauer von fast zwei Jahrhunderten bis zur Unkenntlichkeit verborgen war, tauchte nun plötzlich auf – und zwar nicht, weil es sie davor nicht gegeben hätte, sondern einfach, weil sich ihre Gebräuche und Sitten, ihre Lebenswelt änderten. Es ist also ganz klar, dass das Fehlen frühslawischer Funde nicht als Argument gegen eine slawische Besiedlung in Kärnten und im nördlichen Slowenien, dem Gebiet des späteren Karantanien, herangezogen werden darf. Trotzdem wurde dieser archäologische Negativbefund von der Lokalpolitik populistisch ausgeschlachtet und als Legitimationsgrund für die deutschen Wurzeln Kärntens betrachtet.

Die Archäologie dient allerdings auch zur Selbstdarstellung von Demokratien oder zur Inszenierung von regionalem Selbstverständnis. Gefördert wird diese Entwicklung durch politische Konzepte wie das »Europa der Regionen« oder das Europamotto »In Vielfalt geeint«. Gerade im Rahmen der Regionalförderung werden zahlreiche archäologische Projekte initiiert und gefördert, denen eine nicht unerhebliche identitätsstiftende Rolle zukommt. Ein Paradebeispiel dafür ist Carnuntum, das archäologische Vorzeigeprojekt des Landes

Niederösterreich, das im Jahr 2011 anlässlich einer beeindruckenden Landesausstellung als grenzüberschreitende Kulturregion präsentiert wurde. Dies sagt bei genauer Betrachtung auch viel über das moderne Selbstverständnis Niederösterreichs und ganz generell über das Erstarken des Regionalbewusstseins in Europa aus. Von Selbstbewusstsein zeugt auch der programmatische Titel der jüngsten, 2013 gezeigten Ausstellung »Von Carnuntum zum Christentum«.

Archäologischer (Massen-)Tourismus

Das Reisen stellte einen fixen Bestandteil der bürgerlichen Kultur im 19. und 20. Jahrhundert dar. Dem klassischen Bildungsideal folgend, zog es die Reisenden in die kulturellen Zentren Europas, vor allem nach Italien und Griechenland, aber auch nach Kleinasien und in den Nahen wie Fernen Osten. Erleichtert wurden die Reisen durch den Bahnbau, Istanbul war beispielsweise ab 1888 mit dem Orientexpress erreichbar. Viele Reisende bevorzugten allerdings weiterhin die Schifffahrt, da diese bequemer, schneller und vor allem auch sicherer war.

Natürlich war man zu jener Zeit vom Massentourismus noch weit entfernt. Die archäologischen Ruinenstätten waren nicht kommerziell ausgebaut, sondern frei zugänglich, allerdings oft auch wild überwuchert und unwirtlich. Touristische Infrastruktur war nicht vorhanden – man musste nicht nur beschwerliche Fahrten, sondern auch primitive Unterkünfte und schlechte Versorgung in Kauf nehmen, um Ruinenromantik zu genießen. Krankheitsfälle waren an der Tagesordnung, und die sogenannte »Anatolische« galt noch in der zweiten Hälfte des 20. Jahrhunderts als gefürchtete Durchfallerkrankung, hervorgerufen durch verunreinigtes Wasser. Zwar gab es in den größeren Metropolen bereits Museen, in den Orten nahe den Ausgrabungsstätten suchte man diese jedoch vergeblich. Geleitet wurden die Bildungsreisenden von gedruckten Reiseführern, die von den archäologischen Pionieren verfasst und mit Plänen, Zeichnungen und vereinzelt auch Fotografien illustriert waren. Die handlichen Bücher wurden in mehrere Sprachen übersetzt und somit einem möglichst großen Lesepublikum bekannt gemacht.

In den Ruinenstätten gab es dagegen keinerlei touristische Aufbereitung, die Besucher waren auf ihr Wissen, ihre Vorstellungskraft und wohl auch auf ihre Fantasie angewiesen. Mit der Zunahme an Besuchern ging man allerdings auch dazu über, die antiken Stätten zu gestalten und in ihr natürliches, von Vegetation und Verfallsprozess gezeichnetes Erscheinungsbild einzugreifen. Säulenstraßen wurden ausgegraben und dienten gleichzeitig als Besucherwege. Um diese zu markieren und die Attraktivität zu steigern, begann man, Säulen wieder aufzustellen und die Gebäude entlang den Straßen freizulegen. Die Ruinen wurden lesbar gemacht und immer leichter konsumierbar; so aufbereitet zogen sie immer größere Menschenmengen an. Der einsetzende Wiederaufbau von Monumenten beschleunigte diese Entwicklung und führte letztendlich dazu, dass die antiken Stätten vom Massentourismus entdeckt wurden.

Ephesos ist eines der prominentesten Beispiele für die enge Verflechtung von Archäologie, Regionalentwicklung und Massentourismus. Bevor die archäologischen Aktivitäten um die Mitte des 19. Jahrhunderts einsetzten, war die Region praktisch unbesiedelt, der Burgberg von Selçuk mit einzelnen, schäbigen Gehöften bebaut und von Halbnomaden bewohnt. Mit dem Bahnbau, dem Tabakanbau, aber vor allem mit der Archäologie kam neues Leben in die Region. Der Aufschwung wurde durch den Tourismus, der im Verlauf der zweiten Hälfte des 20. Jahrhunderts stark anstieg, beschleunigt – heute besuchen jährlich zwei Millionen Menschen die Ruinenstätte. Die große Masse der Besucher kommt mit Kreuzfahrtschiffen, die im 20 Kilometer weit entfernten Hafen von Kuşadası anlegen, mit dem einzigen Ziel: Ephesos zu besuchen.

Die Reisenden des 19. und frühen 20. Jahrhunderts hatten einen bürgerlichen, wenn nicht aristokratischen Hintergrund, der es ihnen erlaubte, monatelang die Sommerfrische zu genießen oder fremde Länder kennenzulernen. Moderne

Touristen hingegen wenden für den Besuch archäologischer Ausgrabungen im Schnitt nicht mehr als eineinhalb Stunden auf. Ruinenstätten werden quasi en passant im Rahmen eines durchschnittlich zweiwöchigen Badeaufenthalts besucht. Sie sind Teil eines Gesamtpakets und werden als solcher in erster Linie konsumiert.

Die hier skizzierte Demokratisierung des Reisens und der damit unweigerlich verbundene Massentourismus stellen die Archäologie und die Betreiber von touristisch genutzten Ruinenstätten vor neue Herausforderungen. Die Besucherströme fordern zum einen eine konsumierbare Aufbereitung und Attraktivität der Ruinen, die von der einfachen Wegeführung über Besuchertafeln, Audio-Guides und Apps bis hin zu kurzweiligen szenischen Darbietungen in historischen Kostümen – Stichwort Römerspiele – reicht, sind zum anderen aber auch für eine zuweilen extreme Kommerzialisierung verantwortlich. Die so entstandenen archäologischen Parks versuchen, wissenschaftliche und touristische Aspekte zu kombinieren. Der Ruinenbestand wird konserviert und gepflegt, museal gestaltet und besucherfreundlich aufbereitet. Dem öffentlichen Bildungsauftrag gemäß werden darüber hinaus spezielle Kinderprogramme angeboten, um den Nachwuchs für das kulturelle Erbe zu sensibilisieren. Solche archäologischen Parks finden sich beispielsweise in Carnuntum oder am Magdalensberg in Kärnten.

Das Wiedererrichten ausgegrabener Gebäude: die Anastylose

Viele der heute sichtbaren, hoch aufragenden Monumente sind nicht in diesem Zustand erhalten geblieben, sondern wurden aus einzelnen Bauteilen wiedererrichtet. Im Zuge eines abrupten Zerstörungsmoments, etwa durch ein Erdbeben oder den systematischen Abbruch, aber auch im Verlauf eines langsamen Verfallsprozesses stürzten die Bauten ein, wurden langsam von Erde bedeckt und von Vegetation überwuchert. Natürlich kam es auch zur Wiederverwendung von Bauteilen und zur Verschleppung des Materials, oft über große Entfernungen hinweg. Viel Material aus Ephesos wurde beispielsweise im Mittelalter und in der Frühen Neuzeit in der 2,5 Kilometer entfernten Stadt Ayasoluk verbaut, und als John Turtle Wood in der Mitte des 19. Jahrhunderts nach Ephesos kam, war die lokale Bevölkerung gerade dabei, einen Tempel abzutragen, um die Bauglieder nach Smyrna zu schaffen. Die Marmorblöcke wurden demnach über 70 Kilometer weit transportiert, um wiederverwendet zu werden.

Vieles blieb aber einfach liegen, sodass Archäologen auf Trümmerfelder stoßen, die von ehemaligen Großbauten stammen. Die Wiedererrichtung setzt eine genaue Auseinandersetzung mit den Bauteilen voraus. Diese werden vermessen, gezeichnet und fotografiert – heute zudem gescannt –, und auf Basis der Dokumentation werden Rekonstruktionsvorschläge erarbeitet. Deren Umsetzung in die Realität, also die Wiedererrichtung von Teilen eines Bauwerks (Teilanastylose) oder der vollständige Wiederaufbau, war gerade in der zweiten Hälfte des 20. Jahrhunderts ein fester Bestandteil der Ruinengestaltung. Die Anastylose erlaubt allerdings auch einen gewaltigen Erkenntnisgewinn, da in der Theorie entwickelte Hypothesen zu Arbeitsabläufen und Bautechniken in die Praxis umgesetzt und somit überprüft werden können. Während noch zu Beginn des 20. Jahrhunderts Monumente in den antiken Stätten abgebaut, nach Europa transportiert und hier in Museen wiedererrichtet wurden, ging man – nicht zuletzt aufgrund des Ausfuhrverbots – dazu über, den Wiederaufbau am Fundort selbst durchzuführen.

Die Attraktion wiedererrichteter Monumente und die dadurch erleichterte Lesbarkeit von Ruinenlandschaften waren wesentliche Faktoren für die Entfaltung des Ausgrabungstourismus und für die Umwandlung mancher archäologischer Stätten zu Archäoparks und Historylands. Zuweilen erfolgte der Wiederaufbau sehr rasch, fehlende Teile wurden durch moderne Materialien ersetzt. Heute zeigen manche der wiedererrichteten Gebäude große Schäden. Betonteile sind abgewittert, Aussalzungen setzen der antiken Substanz stark zu. Hinzu kommt, dass die antiken Oberflächen der Witterung wie Wind, Regen, Sonneneinstrahlung, aber auch starken Temperaturschwankungen schutzlos ausgesetzt sind. Den meisten Anastylosen fehlen ja die Dächer, die ursprünglich die Gebäude schützend abgedeckt hatten. Häufig hat man es verabsäumt, die Monumente nach dem Aufbau kontinuierlich und sachgemäß zu warten und somit der Entstehung von Schäden bereits im Anfangsstadium entgegenzuwirken.

Der zum Teil besorgniserregende Erhaltungszustand antiker Monumente hat in den letzten Jahrzehnten zu einem Umdenken geführt. So bekommen die Konservierung und die nachhaltige Sicherung der archäologischen Denkmäler einen immer größer werdenden Stellenwert. Ausgrabung ist immer auch Zerstörung, der nur durch einen sachgerechten, verantwortungsvollen Umgang mit der ausgegrabenen Substanz entgegengewirkt werden kann. Bereits vor dem Beginn einer Grabung muss man sich darüber im Klaren sein, dass das Ausgegrabene konserviert werden muss. Dies gilt für nicht bewegliche Strukturen, wie die Architektur, ebenso wie für die beweglichen Objekte, die in Stauräumen oder Museumsdepots untergebracht werden. Das Zuschütten ist nach wie vor die nachhaltigste Konservierung, allerdings ist dieses Prozedere nicht leicht vermittelbar. Warum sollten finanzielle Anstrengungen für die Ausgrabung eines Objekts unternommen werden, um dieses dann wieder zuzuschütten, fragen sich nicht nur Laien, sondern oftmals auch Geldgeber und politisch Verantwortliche.

Eine sachgemäße und seriöse reale Anastylose ist heute aufgrund der hohen Kosten nur mehr schwer realisierbar. Zudem handelt es sich bei jedem einzelnen Fall um einen mehrjährigen Prozess, da Varianten diskutiert, Materialien geprüft und vor Ort erprobt und eine Vielzahl von Analysen durchgeführt werden müssen. Außerdem muss gewährleistet werden, dass das wiedererrichtete Gebäude permanent kontrolliert wird. Moderne Methoden ermöglichen allerdings auch virtuelle Anastylosen, denen zwar die Monumentalität des Realaufbaus fehlt, die andererseits aber flexibel einsetzbar und jederzeit veränderbar sind. So können verschiedene Varianten angeboten werden, denn in den meisten Fällen gibt es ohnehin nicht nur eine Rekonstruktionsmöglichkeit. Die virtuellen Anastylosen eröffnen auch neue Darstellungsmöglichkeiten; sie können ortsungebunden in verschiedenen Museen gleichzeitig gezeigt oder auch ins Internet gestellt werden und erreichen dadurch – Stichwort: »Gefällt mir« – in kürzester Zeit eine große Anzahl von Menschen. Interaktive Präsentationen bieten den Benutzern zudem die Möglichkeit, das Objekt nicht nur zu betrachten, sondern mit ihm in Kontakt zu treten und es zu erleben. Diese Form der Wissenschaftskommunikation kann wiederum auch von den Archäologen genutzt werden, um die Gebäude aus ihrer Isolation herauszunehmen, sie in ihren ursprünglichen Kontext zu stellen und somit antike Lebenswelten vor Augen zu führen.

Vom archäologischen Park ins Historyland

Gerade in den letzten zehn Jahren zeichnet sich eine neue Tendenz ab, den klassischen, traditionellen archäologischen Park in ein »Historyland« zu verwandeln. Der spröde Ruinenbestand wird in diesem Fall ersetzt durch modellhafte Rekonstruktionen, basierend auf tatsächlichen Befunden, Analogiebeispielen und Hypothesen. Findet man etwa die Grundmauern einer römischen Küche, zieht man besser erhaltene Beispiele aus anderen Ausgrabungsorten heran, um eine vollständige Rekonstruktion inklusive der Innenausstattung verwirklichen zu können. Und wenn dann noch eine Köchin in historischem Kostüm römische Speisen basierend auf dem Kochbuch des Apicius zubereitet, so wird den Konsumenten ein Rundumservice geboten. Nun ist man nicht mehr auf Wissen und Vorstellungskraft angewiesen, sondern bekommt eine Realität suggeriert, die es in dieser Form nie gegeben hat. Statt eines Puzzles, bei dem viele Teile fehlen, erschafft man mit solchen Antiken-Collagen neue Erlebniswelten. Diese Entwicklung wird durch optisch ansprechende Animationsfilme verstärkt, durch die ein lückenloses Bild einer vergangenen Welt vermittelt wird. Die Grenzen zwischen tatsächlichem Bestand, Hypothese und Fantasie verschwimmen unter dem Druck der Öffentlichkeit, der danach verlangt, einen komplexen Sachverhalt leicht verständlich zu kommunizieren. Es dürfen keinerlei Fragen mehr offenbleiben, auf alles muss es eine eindeutige Antwort geben. Die Besucher sollen keinesfalls intellektuell gefordert werden, da Frustrationserlebnisse zu Konsumverweigerung führen.

Für die in solche Projekte involvierten Archäologen stellt sich natürlich in erster Linie die Frage der Seriosität. Welche Rekonstruktionen sind wissenschaftlich noch vertretbar und wann ist die Grenze zum Fantasieprodukt überschritten? Auf welchem Niveau sollte Kultur- und Wissenschaftsvermittlung eigentlich stattfinden und wie viel ist den Besuchern wirklich zumutbar? Muss man tatsächlich jede Frage als bereits beantwortet kommunizieren und damit ein lückenloses Bild der Vergangenheit vortäuschen?

Es sollte aber auch hinterfragt werden, ob diese Degradierung von Besuchern archäologischer Ruinenstätten zu reinen Konsumenten einer antikisierenden Eventkultur von diesen überhaupt gewünscht wird und ob man die Erwartungshaltungen und das geistige Potenzial der Menschen nicht gewaltig unterschätzt. Wäre es nicht besser, manche Fragen offenzulassen und den Leuten dadurch zu ermöglichen, eigene Schlüsse zu ziehen? Vergangenheit muss dazu anregen, über das eigene Dasein zu reflektieren, und diese Möglichkeit sollten wir den Besuchern nicht vorenthalten.

Vorgaben von Tourismusindustrie und Politik

Die Tourismusindustrie diktiert oftmals das Erscheinungsbild antiker Stätten. Parkplätze müssen nahe den Eingängen angelegt werden, die Besucherwege sollen möglichst eben sein und nicht zu lange durch die Ausgrabung führen. Führungen dürfen nicht zu ausführlich geraten, da das Tagesprogramm noch andere Fixpunkte vorsieht und zudem dem Einzelnen nicht zu viel Kultur auf einmal zugemutet werden kann. Absperrungen und temporäre Schließungen sind unbedingt zu vermeiden, insbesondere wenn es sich um beliebte Fotomotive handelt. Andererseits sollte man Archäologen über die Schulter blicken können; Ausgrabungen fernab der touristischen Routen werden gerne als Ausdruck akademischer Arroganz aufgefasst. Behindern diese Ausgrabungen allerdings den Besucherstrom, wird ein rasches Ende der Forschungsarbeiten aufgrund unzumutbarer Beeinträchtigungen der Touristen gefordert. Die Reihe an Beispielen ließe sich noch lange fortsetzen und zeigt, wie schwierig sich das Verhältnis von Archäologie und Tourismusindustrie gestaltet. Hohe Besucherzahlen nützen – und jeder Interessierte ist willkommen –, sie strapazieren Ruinenstätten aber auch in großem Ausmaß. Es ist ein schwieriges Unterfangen, zielorientierte Forschung und touristische Vermarktung zu verbinden, ohne eine der beiden oftmals rivalisierenden Komponenten zu vernachlässigen.

Die Erhaltung archäologischer Stätten darf nicht markt- und betriebswirtschaftlichen Parametern folgen, vielmehr muss der Schutz des kulturellen Erbes im Mittelpunkt stehen. Ausgrabungsprojekte haben sich in erster Linie nach Forschungsfragen zu orientieren – und nicht nach den Interessen der Geldgeber oder den Bedürfnissen der Betreiber von archäologischen Parks. Der Druck, öffentlichkeitswirksame, sensationelle Funde präsentieren zu können, wächst ständig und wird durch die Notwendigkeit der Drittmittelakquisition, um die Forschungen finanzieren zu können, weiter erhöht. Entsprechen Grabungsergebnisse nicht den Erwartungen der Geldgeber, droht in letzter Konsequenz die Einstellung der Arbeiten. Und so beobachtet man gelegentlich das Paradoxon, dass vermeintliche Sensationsfunde in der Öffentlichkeit präsentiert werden, während der hohe wissenschaftliche Wert in einem eher unscheinbaren Fund oder einer aufwendigen und komplexen Analyse eines Befundes liegt, der jedoch nur schlecht vermarktet werden kann.

Anderersetis werden manche Grabungsprojekte wohl hauptsächlich aus Traditionsgründen oder aufgrund des Wunsches der lokalen oder regionalen Politik aufrechterhalten, obwohl aus ihnen kaum wissenschaftlicher Mehrwert ablesbar ist und relevante Erkenntnisse ausbleiben. Natürlich spielen auch hier touristische Aspekte eine große Rolle, aber auch ein grundsätzliches Interesse an der Lokalgeschichte ist oft Anlass für Ausgrabungen. Keinesfalls sollte solchen Unternehmungen die Legitimation abgesprochen werden, denn oft tragen gerade regionale Detailstudien zu einem beachtlichen Erkenntnisgewinn bei. Prestigeträchtige, publikumswirksame Projekte und kleine, oft für die Öffentlichkeit unscheinbare Forschungsgrabungen sollten einander ergänzen und nicht ausschließen.

Archäologie im öffentlichen Interesse

Die Archäologie steht wesentlich stärker im Rampenlicht der Öffentlichkeit als viele andere geisteswissenschaftliche Disziplinen. Grundlagenforschung, Bewahrung kulturellen Erbes, Regionalentwicklung und Tourismus in Einklang miteinander zu bringen, stellt einen wahren Hochseilakt dar. Bei vielen Grabungsprojekten ist es notwendig, all diese Aspekte gleichzeitig zu berücksichtigen. Es gilt, einerseits auf Forschungsfragen basierende Projekte durchzuführen, deren Ergebnisse mitunter kaum öffentlichkeitswirksam sind, dafür aber in den Fachkreisen auf große Resonanz stoßen. Andererseits gilt dem Schutz der Ruinen oberste Priorität. Ausgrabung bedeutet Zerstörung eines historisch gewachsenen Zustands und bringt die Verantwortung für die freigelegten Objekte und deren Erhaltung mit sich. Darüber hinaus ist es notwendig, die wissenschaftlichen Erkenntnisse öffentlich zu kommunizieren und zu präsentieren.

Eine Legitimation der Archäologie basiert letztlich auf dem Interesse jedes Einzelnen, der sich mit der materiellen Hinterlassenschaft vergangener Kulturen beschäftigt. Man kann eine Ruinenstätte als historische Kulisse auffassen oder einen Kunstgegenstand isoliert und ohne seinen Kontext betrachten, man kann aber auch durch Hintergrundinformationen Einblicke in längst vergangene Lebenswelten bekommen, die ihrerseits zur Selbstreflexion anregen. Aktuelle Probleme der Gegenwart gewinnen durch den Blick in die Vergangenheit an Kontur und lassen sich, eingebettet in einen historischen Kontext, leichter akzeptieren. Die Auseinandersetzung mit der kollektiven Vergangenheit schärft das Bewusstsein für das eigene Dasein, setzt aber auch die persönliche Existenz in einen jahrtausendealten Zyklus der Menschheitsentwicklung.

3.

Archäologie und Ausgrabung

Die Feldarchäologie hat sich im letzten Jahrhundert zu einer Spezialdisziplin im Rahmen der Archäologie und Altertumskunde entwickelt. Die Ausgrabung als solche ist wiederum lediglich eine archäologische Methode unter vielen, mit Sicherheit jedoch die bekannteste. Für Laien wird das Ausgraben mit der Tätigkeit von Archäologen gleichgesetzt, obwohl es tatsächlich nur einen kleinen Prozentanteil unserer Arbeit darstellt. Noch realitätsfremder ist die Vorstellung vom Abenteuer-Archäologen, der auf der Suche nach Schätzen zahlreiche Gefahren zu überwinden hat. Beides stimmt natürlich nur am Rande mit dem tatsächlichen Berufsbild überein.

Die Wurzeln der Grabungsarchäologie liegen im Suchen nach Kunstwerken und Wertgegenständen. Bestes Beispiel dafür sind die Grabungsaktivitäten in Pompeji und Herculaneum während des 17. und 18. Jahrhunderts, die ausschließlich dem Herausholen von Kunstschätzen dienten. Diese wurden in den Palästen zur Schau gestellt und vielfach auch in Europa herumgereicht und verschenkt. In der zweiten Hälfte des 18. Jahrhunderts setzte im Zuge des Nachwirkens Johann Joachim Winckelmanns, der als Begründer der wissenschaftlichen Archäologie gilt, ein Umdenken ein, allerdings entwickelten sich die Ausgrabungsmethoden nur schleppend. Noch im 20. Jahrhundert verstand man unter einer Ausgrabung das Freischaufeln von Monumenten, bevor der Prozess selbst verwissenschaftlicht wurde.

Heute betrachtet man einen freigelegten Befund als das Endergebnis eines Prozesses. Bei einer archäologischen Ausgrabung versucht man demnach, einen Verfallsprozess rückgängig zu machen und vom Ist-Zustand – bzw. von der jüngsten Intervention – ausgehend sukzessive Phase für Phase freizulegen, um letztendlich Schichten zu erreichen, die anthropogen noch nicht beeinflusst, also frei von menschlichen Eingriffen sind. Theoretisch muss demnach jede Veränderung und Entwicklung logisch erklärbar sein, auch wenn wir heute nicht immer in der Lage sind, diese Logik nachvollziehen zu können: Zu fragmentarisch ist häufig der Erhaltungszustand und zu massiv waren oftmals spätere Eingriffe in ältere Phasen.

Schicht um Schicht

Nachdem das unsystematische Suchen nach Kunstgegenständen, bei dem oftmals Stollen oder tiefe Schächte in die Erde gegraben wurden, einer großflächigen Freilegung von antiken Stätten gewichen war, entwickelten sich erste Grabungsmethoden. Im Anfangsstadium verstand man darunter ein Abtragen der Erde in regelmäßigen Abhüben von 10, 15 oder 30 Zentimetern, manchmal aber auch einem halben Meter. Deutlich sichtbare Veränderungen in der Bodenbeschaffenheit wie der Versturz von Dachziegeln und Brandschichten wurden dokumentiert, manchmal auch das daraus geborgene Fundmaterial aufbewahrt.

Zwar stellt die Abhubmethode einen Fortschritt gegenüber dem unsystematischen Freischaufeln dar, jedoch wird hierbei ein geometrisches Raster über einen natürlichen Prozess gelegt, der nicht den Regeln der Geometrie folgt. Schichten verlaufen nur in den seltensten Fällen gerade und sind immer unregelmäßig hoch. Jeder kann dies leicht an verfallenen Gebäuden beobachten, wo die Dächer und Dachstühle eingebrochen sind, die Mauern unregelmäßig hoch aufragen und der Verputz entlang der Wände abgefallen ist. In den Ruinen setzt sich rasch üppige Vegetation fest, und die baulichen Reste dienen Tieren als Unterschlupf und Nistplatz. Genau aus derartigen Beobachtungen natürlicher Verfallsprozesse und einer grundlegenden theoretischen Auseinandersetzung mit Schichtaufbau und -zusammensetzung entwickelte sich in weiterer Folge die stratigraphische Ausgrabungsmethode. Als archäologische Stratigraphie bezeichnet man die bei einer Ausgrabung in einem vertikalen Profil feststellbare Abfolge von Straten (lat. *stratum*, Pl. *strata*, zu *sternere* – »ausbreiten«: »Schicht«), die durch natürliche und anthropogene Ablagerungen sowie Baumaßnahmen (Aufschüttung, Graben, Schacht, Brunnen, Pfostenloch, Planierung, Verfüllung etc.) entstanden ist. Das Abtragen der Erde erfolgt nun gemäß den anthropogenen und natürlichen Einbringungen sowie Baumaßnahmen Schicht für Schicht, vom jüngsten bis zum ältesten Eingriff. Diese Grabungsmethode erfordert zwar zum einen große Genauigkeit und viel Erfahrung und ist wesentlich zeitaufwendiger als die Abhubgrabung. Zum anderen sind aber die Erkenntnismöglichkeiten ungleich höher. Da während einer Ausgrabung historische Zustände zerstört werden und dadurch unwiderruflich verloren sind, sind Archäologen einem permanenten Entscheidungsprozess ausgesetzt und dazu angehalten, jeden Zustand genau zu dokumentieren. Es bedarf daher nicht nur Genauigkeit und Sorgfalt, sondern auch sehr viel Geduld, aber auch eines großen Erfahrungsschatzes, um Schichten voneinander zu trennen und richtig zu interpretieren. Was ist älter, was ist jünger, was gehört zusammen? So einfach diese Frage klingt, so schwer ist sie manchmal zu beantworten. Die Verantwortung ist groß, denn Fehler lassen sich nicht wieder rückgängig machen. So leicht also eine Ausgrabung auf den ersten Blick aussehen mag, so komplex ist dieser Prozess, wenn er *lege artis* – nach allen Regeln der Kunst – durchgeführt wird. Und es wird keinen Archäologen geben, der sich nicht schon Fehler eingestehen musste.

Zerstören und bewahren

Ganz entscheidend ist das Bewusstsein, dass jede archäologische Ausgrabung ein unwiderruflicher Zerstörungsprozess ist. Der heutige Ist-Zustand ist das Ergebnis einer jahrhunderte-, ja oftmals jahrtausendelangen Entwicklung. Indem dieser Zustand zerstört wird – das heißt indem ausgegraben wird –, versucht man, den Prozess rückgängig zu machen, im Idealfall bis zum Urzustand vor dem ersten anthropogenen Eingriff. Die gesamte Geschichte des Ausgrabungsplatzes ist danach verloren, sie ist nur mehr durch die Dokumentation archiviert. Daher ist es auch notwendig, dass jeder Befund und jeder Fund, seien es nun ein Artefakt oder aber auch biogene Reste, genau verortet wird. Aus diesem Anwendungsgebiet hat sich eine eigene Fachrichtung, die Archäoinformatik, entwickelt. Diese umfasst den Einsatz von moderner Informationstechnologie im archäologischen Bereich, darunter Datenbanken, digitale Dokumentationsmethoden, statistische bzw. quantitative Analyseverfahren und vor allem auch Geoinformationssysteme. Alle weiteren kulturhistorischen Interpretationen basieren auf den Überlegungen während der Ausgrabung und auf der Dokumentation.

Daraus wird auch deutlich, welche Verantwortung Grabungsarchäologen tragen und wie komplex der Vorgang »Ausgrabung« heute tatsächlich ist. Es ist eben nicht damit getan, wie beim Hausbau eine Grube auszuheben, sondern es ist permanente Beobachtung und intellektuelle Auseinandersetzung mit dem Ausgegrabenen erforderlich. Als elementarer Bestandteil dieses Erkenntnisprozesses steht immer die Frage: Wie ist dieser oder jener Zustand zu erklären? Wie ist dies zustande gekommen? Letztendlich muss alles einen Sinn ergeben und eine logische Abfolge haben. Der Frage nach dem »Warum?« kann man sich dagegen auch später, am Schreibtisch sitzend, widmen.

Retten und forschen

Sehr häufig resultieren Grabungen aus Bauvorhaben, diese werden als Not- oder Rettungsgrabungen bezeichnet. Meist werden beim Bau eines Gebäudes, eines Kanals oder einer Straße archäologische Reste zufällig entdeckt und – hoffentlich – den Behörden gemeldet. Die bei Notgrabungen eingesetzten Archäologen bergen und dokumentieren die Reste so schnell wie möglich. Entgegen der landläufigen Meinung gehen die Bauvorhaben erfahrungsgemäß rasch weiter, und nur wenn es sich um herausragende Befunde handelt, wird ein endgültiger Baustopp verhängt. Not- oder Rettungsbergungen sind auch notwendig, wenn illegale Raubgrabungen entdeckt werden. In diesem Fall muss der Fundplatz umgehend gesichert, das Zurückgelassene geborgen und präventiv eine weitere Ausbeutung verhindert werden. Dies geschieht in den meisten Fällen durch eine Erweiterung des Grabungsareals, eine systematische Erkundung des unmittelbaren Umfelds etwa durch Prospektionsmethoden und durch eine möglichst vollständige Ausgrabung, um den Raubgräbern keinerlei Anknüpfungspunkte für weitere Aktionen zu geben.

Von Forschungsgrabungen wird dann gesprochen, wenn es sich um Projekte handelt, die auf Forschungsfragen aufbauen und nicht aus einer Notsituation resultieren. Generell handelt es sich um mehrjährige Vorhaben in Bereichen, die bereits geschützt sind. Die Basis bilden meist drei- bis fünfjährige Forschungskonzepte mit gezielten Fragestellungen und genauem Zeit- und Kostenplan. Auch langjährige Grabungsunternehmen unterliegen zeitlich befristeten Projektplänen, alles andere wäre weder zeitgemäß noch finanzierbar und wird praktisch nicht mehr durchgeführt. Zudem wird großes Augenmerk auf die wissenschaftliche Relevanz gelegt. Beispielsweise ist es wenig attraktiv, das 35. Haus von insgesamt 48 auszugraben. Paradigmatische Beispiele reichen vollkommen aus, um umfassende Aspekte der Wohnkultur einer Region zu einem gewissen Zeitpunkt oder innerhalb einer gewissen sozialen Schicht zu erforschen.

Natürlich hat sich auch die Ausgrabungsarchäologie im letzten Jahrhundert weiterentwickelt. Kein Wunder, denn jede Generation stellt ihre eigenen Fragen. Und so überrascht es auch nicht, wenn an langjährigen Grabungsplätzen noch immer geforscht wird. Die bei Archäologen besonders unbeliebte Frage, wie lange man denn noch für die vollständige Freilegung brauchen würde, ist a priori unsinnig. Denn die vollständige Freilegung einer Stadt, eines Gräberfeldes oder eines Heiligtums von A bis Z ist überhaupt nicht das Ziel –

vielmehr orientiert sich die Forschung nach Fragestellungen und wählt danach die Methoden und die Zielvorgaben aus. Gerne vergisst man die zeitliche Dimension, denn viele dieser Grabungsorte haben eine Jahrhunderte, ja auch Jahrtausende andauernde Besiedlung hinter sich. Siedlungsschichten liegen über- und ineinander, verschiedene Kulturen wechselten einander ab. Jede Siedlung, jedes Heiligtum, jedes Gräberfeld kennt unterschiedliche Phasen. Jedes Bauwerk ist grundsätzlich bereits mehrphasig, hat eine Bauzeit, eine Periode der Nutzung, meist mit mehreren Umbauten, sowie eine Zerstörungs- und Verfallszeit. Auch die Zeit der erstmaligen Ausgrabung eines Objekts kann bereits historisch sein. Eine Ausgrabung ist daher kein flächiger, sondern ein dreidimensionaler Prozess mit der Zeit als vierte Komponente. Und in vielen Fällen ist die Ausgrabung auch gar nicht die richtige Methode.

Zerstörungsfrei arbeiten

Neben der Ausgrabung haben sich in den letzten Jahrzehnten andere, meist zerstörungsfreie, sogenannte noninvasive Methoden wie die Prospektion und Oberflächenerkundung in der Feldarchäologie etabliert.

Unter den Prospektionsmethoden nimmt die Geophysik einen wichtigen Stellenwert ein. Sie ist zu einem zentralen Standbein der Feldarchäologie geworden und gehört zum Standard jeder modernen archäologischen Unternehmung. Wo es der Untergrund erlaubt, bilden geophysikalische Messungen die Basis für alle weiteren Schritte. Traditionellerweise werden Elektrik, Radar und Magnetik eingesetzt und damit der Untergrund in Hinblick auf die Bodenbeschaffenheit und etwaige Bebauungs- und Nutzungsspuren untersucht. Der Vorteil der Methode liegt auf der Hand: Man kann in relativ kurzer Zeit große Flächen untersuchen und dann ganz gezielt Grabungen durchführen. »Suchgräben« gehören der Vergangenheit an. Viele prospektierte Flächen werden überhaupt nicht ausgegraben, da das Messbild ausreichend Informationen gibt. Dies hilft auch der Denkmalschutzbehörde bei Unterschutzstellungsverfahren und bildet die Basis für wissenschaftliche Studien. Man erspart sich außerdem die Kosten für die Erhaltung ausgegrabener Objekte und gewährleistet gleichzeitig eine nachhaltige Sicherung – nämlich die hundertprozentige Konservierung – der gemessenen Strukturen.

Eine weitere Methode ist der klassische Oberflächensurvey, der auf eine lange Tradition zurückblicken kann. Letztendlich waren es bereits die Forschungsreisenden des 18. und 19. Jahrhunderts, die oberflächig sichtbare Reste dokumentiert und Funde aufgehoben haben. Aber auch die Surveymethoden haben sich dramatisch verändert, vor allem durch die Etablierung statistischer Methoden sowie den Einsatz moderner Technologien. Prinzipiell unterscheidet man zwischen extensiven und intensiven Surveys. Während man bei den extensiven Surveys weiträumig erkundet, oftmals auf Informationen von Einheimischen angewiesen ist und Fundstellen kartiert, begeht man bei den intensiven Surveys genau definierte Bereiche systematisch. Das Fundmaterial wird statistisch erfasst und diagnostische, also aussagekräftige Funde werden genau ausgewertet. Eine Kombination von extensivem und intensivem Survey hat sich insbesondere bei der Erkundung der ländlichen Siedlungsstruktur bewährt. Zuerst wird die Fundstelle definiert und dann in einem zweiten Schritt genau analysiert. Dabei stehen neben Fragen nach Ausdehnung und Chronologie auch funktionelle Aspekte im Mittelpunkt. Um welche Art von ländlicher Besiedlung – ein Dorf, eine Villa, ein Heiligtum, ein Kloster, eine Militärstation – handelt es sich? Gibt es Hinweise auf handwerkliche oder landwirtschaftliche Produktion? Oder ist es gar ein Gräberbezirk? Surveys sind wesentlich kostengünstiger als Ausgrabungen, erfordern aber großes Spezialwissen und sind zudem körperlich sehr anstrengend. Wie die Geophysik kann auch der Survey helfen, potenzielle Grabungsareale zu erschließen, aber auch Unterschutzstellungen zu beschleunigen.

Eine weitere zerstörungsfreie Methode ist die Luftbildarchäologie und das in den letzten Jahren immer beliebter werdende Airborne Laserscanning. Die aus der Luft gewonnenen Informationen geben wichtige Hinweise auf anthropogen verursachte Bodendeformationen und Bewuchsanomalien. Auch mit dieser Methode können großflächige Erkundungen in kurzer Zeit durchgeführt werden und auch hier ist es möglich, zu schützende Areale zu definieren. Luftbildarchäologie und Airborne Laserscanning erfolgen oft in Zusammenarbeit mit militärischen Behörden, genauso oft werden solche wissenschaftlich ausgerichteten Erkundungsflüge jedoch ob militärischer Bedenken abgelehnt.

Ergänzend zu den noninvasiven Prospektionsmethoden werden auch gezielte Tiefbohrungen durchgeführt, um Aufschluss über die Bodenverhältnisse und die Schichtabfolge zu bekommen. Besonders bewährt hat sich diese Methode bei der Rekonstruktion von Küstenlinien, aber auch bei der schnellen Erkundung von mehrphasigen oder tief unter der Erdoberfläche liegenden Siedlungsarealen. Hierzu wird mittels eines Bohrgestänges ein durchschnittlich fünf bis zehn Zentimeter starker und mehrere Meter tiefer Bohrkern gezogen und das darin zutage geförderte Material ausgewertet. Die Datierung der Schichtabfolge erfolgt mittels Radiokarbonmethode an darin vorkommenden organischen Resten, wie Muschelschalen, Knochen oder Pflanzenresten. In anthropogen beeinflussten Milieus finden sich in diesen Bohrkernen meist auch Artefakte – etwa kleine Keramikscherben –, die zeitlich eingeordnet werden können. Dadurch erhält man ein zeitlich absolut determiniertes vertikales Bodenprofil. Die Methode wird in der Geoarchäologie standardmäßig eingesetzt, sie ist aber auch sehr effizient, um Siedlungsphasen bis in große Tiefen zu verfolgen.

Auswerten und archivieren

Weder Prospektion noch Ausgrabung würden Sinn machen, wenn im Anschluss daran das Fundmaterial nicht ausgewertet wird. Für jede Materialgruppe, für jede Fundgruppe gibt es Spezialisten, die oft von Grabung zu Grabung reisen und ihr Know-how weitergeben. Die Fundstücke müssen dazu aufbereitet werden. Im einfachsten Fall ist damit das Reinigen mit der Hand, das Waschen von Scherben oder das Abbürsten von Oberflächen gemeint. Vielfach müssen die Objekte konservatorisch bearbeitet werden. Metallfunde weisen meist eine dicke Korrosionsschicht auf, die entfernt werden muss, Glasfunde laufen Gefahr zu zerspringen, wenn sich ihr Lagerungsmilieu verändert, und sollten daher unbedingt sofort behandelt werden. Keramische Gefäße sind meist gebrochen und müssen vor der Dokumentation geklebt werden. Für die sachgemäße Dokumentation von Architekturteilen ist es notwendig, diese zu drehen und zu positionieren. Erst nach diesen vorbereitenden Arbeiten können die Objekte gezeichnet, vermessen, beschrieben und letztendlich klassifiziert werden. Dringend erforderlich ist zudem eine professionelle fotografische Dokumentation, um die Fundstücke in angemessener Art und Weise publizieren zu können. Den Abschluss bildet die Archivierung, sowohl des Fundmaterials als auch der heutzutage beinahe durchgehend digitalen Dokumentation.

Die Spezialisierung der Fundbearbeitung ist weit fortgeschritten: Heute sprechen wir nicht mehr von einem Keramikbearbeiter, der das gesamte Material beherrscht, vielmehr gibt es für einzelne Epochen und darunter wieder für viele Keramikgruppen Spezialisten. Niemand ist heute mehr in der Lage, beispielsweise die gesamte römische Keramik im Detail zu überblicken, zu groß sind die zeitlichen und die regionalen Unterschiede. Vorratsgefäße in Spanien können ganz anders aussehen als jene in Ägypten oder Britannien, ihr Aussehen basiert auf lokalen Traditionen, auf den zur Verfügung stehenden Rohstoffen, auf funktionalen Bedürfnissen, auf den in ihnen gelagerten Inhalten, aber auch auf klimatischen Bedingungen. Mit der Bearbeitung von Gefäßkeramik sind auch ganz verschiedene Fragestellungen verknüpft. So widmet man sich beim Studium von Küchengeschirr der Frage nach Kochsitten und pyrotechnischen Details, während bei den Transportamphoren handelswirtschaftliche Aspekte im Fokus stehen. Es kann durchaus vorkommen, dass sich ein Spezialist mehrere Jahre lang mit einem einzigen Amphorentyp beschäftigt und daraus bahnbrechende Erkenntnisse zu Handelsnetzwerken ableiten kann.

Alte und neue Forschungsprobleme

Jede Forschergeneration stellt neue Fragen an die alten Monumente. Archäologen sind Kinder ihrer Zeit, und die gesellschaftliche Relevanz spielt eine große Rolle bei der Auswahl von Forschungsschwerpunkten. Es ist kein Zufall, dass man sich in den 90er-Jahren des 20. Jahrhunderts intensiv mit Themen wie Migration und Ethnogenesen auseinandergesetzt hat, und es verwundert auch überhaupt nicht, wenn heute die Umweltproblematik in der Archäologie stark boomt. Auch dass nach der Katastrophe im Indischen Ozean im Jahr 2004 plötzlich zahlreiche vermeintliche historische Tsunamis festgestellt wurden, muss zu denken geben. Aber natürlich ist es reizvoll, aktuelle Fragen auf die Geschichte zu übertragen und sich damit zu befassen, wie der Mensch in der Antike mit bestimmten Problemen umgegangen ist und welche Lösungen er gefunden oder eben nicht gefunden hat. Wie auch in diesem Buch dargestellt, sind manche dieser Probleme zeitgemäßer, als wir gerne glauben möchten. Eine historische Perspektive auf den aktuellen gesellschaftlichen Diskurs bietet zumindest Denkanstöße. Es wäre naiv zu glauben, dass der Mensch aus der Geschichte lernt, aber allein die Reflexion kann ein erster Schritt zu einer Sensibilisierung, wenn nicht gar zu einer Problemlösung sein. Ein Objekt kann demnach nie umfassend erforscht sein, es wird immer neue Fragen zu alten Dingen geben. Insofern ist die Archäologie zwar eine rückwärtsgewandte Disziplin, sie bleibt allerdings hochmodern in ihren Fragestellungen und letztendlich auch in ihren Methoden.

Das 20. Jahrhundert war weitgehend dominiert vom Ausgraben von Monumenten in Städten und Heiligtümern. Dies trifft insbesondere auf jene Regionen zu, wo archäologische Überreste einen sehr guten Erhaltungszustand haben. Straßen, Platzanlagen, Tempel, Brunnen, Theater, Tore, Bäder, Kirchen und Befestigungsmauern wurden sukzessive freigelegt und der Schwerpunkt auf die Erforschung der einzelnen Gebäude gelegt. Diese Monumentarchäologie führte einerseits dazu, dass Städte als Summe von Einzelmonumenten verstanden wurden, während das städtische Gefüge sowie Fragen der Infrastruktur, der Versorgung und des Alltags vernachlässigt wurden. Andererseits lag damit der Schwerpunkt der Fragestellungen logischerweise auf dem öffentlichen Leben, den repräsentativen Stadtzentren und den Stiftungen und Weihungen wohlhabender Mäzene. Damit wurde letztendlich nur ein sehr kleines gesellschaftliches Segment erschlossen – nämlich die Oberschicht –, während die Massen weitgehend unberücksichtigt blieben.

In den letzten Jahrzehnten ist eine deutliche Trendumkehr zu bemerken. Die Archäologie ist wortwörtlich aus den Städten, Heiligtümern und Lagern hinausgegangen und hat sich verstärkt Fragen der ländlichen Besiedlungsstruktur gewidmet. Weiträumige topographische Studien, die Erfassung von Kulturlandschaften, knüpften direkt an die Pioniere des 19. Jahrhunderts an, allerdings unter Einbeziehung moderner Erkundungsmethoden. Ressourcenforschung ist nur ein plakatives Beispiel für diese Entwicklung. In Zusammenarbeit mit den Geowissenschaften wird Lagerstättenerkundung durchgeführt, um die Rohstoffquellen zu definieren. Wie versorgt sich eine Siedlung, eine Stadt? Wo liegen die Rohstoffquellen und wie funktionieren Verarbeitung, Transport und Vertrieb? Aber auch die Alltagskultur rückt immer mehr in den Fokus der Forschung. Mit der verstärkten Beschäftigung mit dem täglichen Leben gewinnt auch der Aussagewert jener Fundgattungen an Bedeutung, die lange wenig berücksichtigt wurden. Dazu gehören insbesondere biogene Rückstände wie Tierknochen und Pflanzenreste. Zudem finden Epochen und Kulturen erhöhte Beachtung, die ausgehend von einem klassizistischen Weltbild gerne als Randepochen und Randkulturen wahrgenommen wurden.

Um diese neuen Fragestellungen umfassend beantworten zu können, ist Interdisziplinarität dringend notwendig. Die Archäologie ist daher wie wahrscheinlich keine andere Geisteswissenschaft eng mit naturwissenschaftlichen und technischen Disziplinen verknüpft. Um sich eingehend mit antikem Siedlungswesen auseinanderzusetzen, ist es beispielsweise dringend notwendig, sich mit Fragen zur Vegetation und somit auch mit Wetter und Klima zu beschäftigen, da die Produktion und Versorgung von Siedlungseinheiten mit Lebensmitteln deren Existenzgrundlage darstellt. Hier sind naturwissenschaftliche Disziplinen wie die Geographie, die Geologie, die Geomorphologie, aber auch die historische Klimaforschung – um nur einige Fachgebiete zu nennen – notwendig, um kulturhistorische Fragen beantworten zu können. Ernährungsgewohnheiten sind nur schlüssig zu rekonstruieren, wenn neben der Auswertung der Artefakte auch die Tierknochen, die Pflanzenreste und die menschlichen Knochen analysiert werden. Wiederum kommen zahlreiche Methoden zur Anwendung, Pflanzenreste können beispielsweise als Großreste, als Holzkohle, als Phytolithen oder auch als Pollen erhalten sein. In jedem Fall ist eine eigene Analyse einzusetzen, in jedem Fall ist ein eigener Spezialist heranzuziehen.

Die Archäologie hat sich also weitgehend von ihrem ursprünglich klassizistischen Zugang entfernt. Standen einstmals die Monumente, die Bildwerke, ja das Besondere im Mittelpunkt der Betrachtung, so sind es heute Nutzbauten, Gebrauchsgegenstände, einfach das Alltägliche.

Archäologie des Alltags

In der modernen Archäologie verliert das Einzelobjekt immer mehr an Bedeutung, während die ganzheitliche, synthetische Betrachtung eines Organismus immer stärker in den Fokus des Forschungsinteresses rückt. Dadurch ist zweifelsohne auch ihre gesellschaftliche Relevanz stark angestiegen.

Die Entwicklung führt weg von einer Elitenarchäologie hin zu einer »Archäologie des Alltags«. Der Mensch und die von ihm geschaffenen Artefakte bilden weiterhin das Zentrum, allerdings werden sie nicht mehr aus dem natürlichen Umfeld herausgelöst, sondern damit in Verbindung gesetzt. Dem Verhältnis zwischen dem Menschen und seiner Umwelt kommt dabei großes Augenmerk zu. Gerade solche Fragen sind ohne einen interdisziplinären Forschungsansatz jedoch nicht beantwortbar.

Den bereits erwähnten Ernährungsgewohnheiten kommt man neben Beschreibungen, Darstellungen und Artefakten mit Archäozoologie und Archäobotanik, der Analyse von Tierknochen und Pflanzenresten, näher auf die Spur. Chemische Analysen von Rückständen in Koch-, Vorrats- und Transportgefäßen erlauben wichtige Aussagen über die ursprünglichen Inhalte. Besonders aufschlussreich sind auch die anthropologischen Untersuchungen an menschlichem Knochenmaterial. Unregelmäßiges Wachstum ist ein deutlicher Indikator für unzureichende Ernährung: Ist dieses nicht nur bei einzelnen Individuen, sondern einer ganzen Population belegt, können damit Hungerperioden nachgewiesen werden. Abgelagertes Collagen in den Langknochen erlaubt bisweilen genaue Rückschlüsse auf Ernährungsgewohnheiten, ebenso wie das Strontium in den Zähnen helfen kann, die Herkunft des Verstorbenen zu bestimmen. Außerdem ist es mit paläopathologischen Methoden möglich, aufgrund spezifischer Krankheitsbilder auf eine Mangelernährung zu schließen.

Um diese punktuell gewonnenen Erkenntnisse in einen großräumigen und diachronen Kontext zu stellen, ist eine Rekonstruktion der Vegetationsgeschichte erforderlich. Dazu bieten sich weitere Analyseverfahren an, wie die Bestimmung der Holzkohlereste, auf Basis derer der ursprüngliche Baumbestand erschlossen werden kann. Besonders informativ ist die Auswertung von Pollen, die sich allerdings nur in Feuchtböden erhalten und daher nicht überall zur Verfügung stehen. Sumpfgebiete sind beispielsweise hervorragende Bioarchive, in denen sich durch Erosion, Wasser und Wind eingebrachte kleinste Pollenkörner über Jahrtausende erhalten haben.

Für die Analyse zieht man metertiefe Bohrkerne, datiert die Sedimentschichten auf Basis der Funde naturwissenschaftlich oder archäologisch und erhält auf diese Weise ein diachrones Bodenprofil. Ein besonderer Glücksfall liegt vor, wenn sich im Bohrkern ein absolut datiertes Ereignis (Event-Stratigraphie) widerspiegelt, wie etwa der Vulkanausbruch auf Thera (Santorin) um 1630 v. Chr., dessen Asche sich in zahlreichen Bohrkernen im östlichen Mittelmeerraum nachweisen lässt. Hervorragende Klimaarchive sind das ewige Eis oder auch Tropfsteine, in denen sich auch regionale Schwankungen nachweisen lassen.

Was aber schließen Archäologen nun aus all diesen Daten? Ein schönes Beispiel liefern die jüngsten geoarchäologischen Forschungen in Ephesos. Hier konnte nachgewiesen werden, dass sowohl der Weinanbau als auch die Anlage von Obstkulturen im 2. Jahrhundert v. Chr. stark anstieg, wohl als direkte Reaktion auf die verstärkte römische Präsenz in dieser Region. So konnte im Rahmen der Pollenanalyse die Bedeutung des Weinanbaus für die Region um Ephesos unterstrichen werden. Dieses Ergebnis wird durch einen gewissen Typ von Amphoren gestützt, die in der Stadt massenweise gefunden wurden. Vergleicht man den Ton der Amphoren mit den regionalen Tonlagerstätten, so besteht kein Zweifel, dass es sich hierbei um lokale Produkte handelt. Es sind also jene Transportgefäße, in die der ephesische Wein – den Strabo lobt, der von Plinius dem Älteren aber als untrinkbares Gebräu abgetan wird – abgefüllt wurde. Die intensive Weinproduktion hatte aber auch zur Folge, dass ephesischer Wein exportiert wurde. Scherben dieser charakteristischen Amphoren finden sich bis nach Britannien, Spanien und nach Afrika. Gleichzeitig setzt eine Beschleunigung des Sedimentationsprozesses ein, was wohl mit der Abholzung der Berghänge im Hinterland von Ephesos und damit einhergehenden Erosionsprozessen in Verbindung zu bringen ist. Das Ergebnis des menschlichen Eingreifens in die Natur ist eine rasante Küstenverschiebung, die wiederum eine Siedlungsverlagerung zur Folge hatte. Die Analyse dieser komplexen Prozesse konnte nur durch einen interdisziplinären Forschungsansatz unter Einbeziehung archäometrischer Methoden bewältigt werden – mit traditionellen archäologischen Methoden wäre dies nicht möglich gewesen.

Rohstoffe als Untersuchungsgegenstand

Ein weiterer wichtiger Punkt ist die Lagerstättenkunde und somit die Suche nach den in der Antike ausgebeuteten Rohstoffquellen. Auch hier wird der Mehrwert durch eine Verschränkung von Disziplinen ganz deutlich. Die Suche nach Rohstoffen bzw. das Vorkommen von Rohstoffen konnte Wanderungsbewegungen auslösen und die Gründung von Siedlungen begünstigen, zur Ausbildung von spezialisierten Handwerksniederlassungen führen und Wohlstand begründen. Andererseits bedeutete das Versiegen von Rohstoffquellen, die Entdeckung verkehrstechnisch günstiger gelegener Lagerstätten oder die Entdeckung und Entwicklung neuer Materialien oft auch das Ende der Siedlungsaktivität an einem bestimmten Ort. Der wichtigste Rohstoff, das Wasser, bestimmte von alters her menschliches Handeln und war die elementare Grundvoraussetzung für die Gründung und den Weiterbestand von Niederlassungen.

Geschätzte Rohstoffe waren Metalle, Glas und Gesteinsarten, darunter auch der Marmor, der im Bau- und Kunstgewerbe zum Einsatz kam. Die Rohmaterialien wurden in den Lagerstätten gewonnen und in unmittelbarer Nähe verarbeitet. Verhandelt wurden sie entweder in Rohform, etwa als Barren, als Halbfabrikat oder aber auch als Fertigprodukt. Die Erforschung von Abbau- und Fertigungstechniken, Handwerksorganisation und Technologietransfer bedarf demnach eines interdisziplinären Zugangs durch Archäologen, Metallurgen und Geowissenschaftler bis hin zu Historikern für die Auswertung der schriftlichen Zeugnisse.

Beispielsweise wurde in den großen antiken Steinbrüchen Marmor gebrochen, um gleich vor Ort Rohlinge von Blöcken,

Säulen und Kapitellen herzustellen. Die feine Ausarbeitung erfolgte erst am Zielort. Auf den Rückseiten jener Wandverkleidungsplatten, die im Marmorsaal des Hanghauses 2 in Ephesos gefunden wurden, finden sich etwa zahlreiche Inschriften, die bereits im Steinbruch eingemeißelt wurden. Manche nennen den exakten Platz, wo die Blöcke gebrochen wurden, andere eine genaue Jahresdatierung des Abbaus. Auf einer Platte findet sich in roter Farbe auch die Lieferadresse, das Haus des Aptus in Ephesos. Aus den Inschriften ist abzulesen, dass große Marmorblöcke in den Steinbrüchen gebrochen und danach nach Ephesos geliefert wurden. Hier erfolgte die Herstellung der feinen, nur etwa einen Zentimeter starken Platten, die dann sofort an die Wände appliziert wurden. Die Bestimmung der Marmorsorte erlaubt wiederum, die Platten zweifelsfrei dem großen kaiserlich geführten Steinbruch von Dokimeion zuzuschreiben.

Während die Bestimmung von Buntmarmoren häufig bereits makroskopisch möglich ist und auch von geübten Archäologen durchgeführt werden kann, erfordert die Herkunftsanalyse von weißen Marmorsorten spezielle Untersuchungsmethoden. Mit freiem Auge oder unter dem Mikroskop sind zwar Unterschiede sichtbar, eine gesicherte Herkunftsbestimmung ist allerdings sehr schwierig. Dazu braucht es chemische Methoden wie die Analyse der stabilen Isotope der Karbonate, die Untersuchung der Spurenelemente sowie die Analyse der Fluid-Einschlüsse. Bei Letzterer werden mikroskopisch kleine, mit Gas und Flüssigkeit gefüllte Einschlüsse, die in allen Marmoren vorkommen, auf ihre chemischen Bestandteile untersucht. Grundvoraussetzung ist jedoch eine große Datenbasis, was nur durch die Beprobung von Steinbruchmaterial, aber auch von Fertigprodukten – Statuen, Architekturglieder, Sarkophage, Reliefs, Platten, Gefäße – zu bewerkstelligen ist. Oft scheitert diese systematische Vorgangsweise leider an restriktiven Vorgaben von Museen und Sammlungen, die Probenentnahmen unmöglich machen.

So hilfreich naturwissenschaftliche Analysen bei der Herkunftsbestimmung von Marmor oder beispielsweise Keramik sind, so sehr stoßen diese Verfahren bei Materialien wie

Glas oder verschiedenen Metallen aus bestimmten Epochen an ihre Grenzen. Aufgrund der Tatsache, dass das Material immer wieder eingeschmolzen und wiederverwendet wurde, ist ein einwandfreier chemischer Fingerprint nur selten möglich. Dagegen lassen sich viele Gefäße aufgrund stilistischer, technologischer oder formtypologischer Kriterien problemlos einer Herkunftsregion oder sogar einer Werkstatt zuordnen.

Hilfe aus den technischen Wissenschaften

Neben den Naturwissenschaften sind es insbesondere die technischen Disziplinen, die in der Archäologie traditionell eine große Rolle spielen. Dazu zählt die Bauforschung, die wissenschaftliche Bearbeitung antiker Architektur, die ein elementarer Bestandteil jeder Grabung sein sollte. Der Einsatz technischer Hilfsmittel setzt sich zudem bei der Dokumentation archäologischer Befunde immer mehr durch. Bereits standardmäßig wird digital dokumentiert und gescannt, sowohl um das Handaufmaß zu erleichtern, als auch um einzelne Ausgrabungsstadien und den Endbefund zu dokumentieren. Wie bereits erwähnt, hat sich die Archäoinformatik zu einem Spezialbereich in der Archäologie entwickelt; sie wird inzwischen auch in der akademischen Ausbildung berücksichtigt. Jede größere Grabung verfügt heutzutage über spezielle Datenbanken sowie ein Geoinformationssystem, adaptiert für archäologische Bedürfnisse. Die Verknüpfung der Dokumentation und der Ergebnisse von Prospektion, Grabung und Fundanalyse in Kombination mit einer Aufarbeitung der historischen Dokumentation – wie den Bild- und Planarchiven – bis hin zu virtuellen Rekonstruktionen verläuft über hochmoderne Archivierungs- und Auswertungssysteme.

Zudem werden archäologische Befunde, Architektur und Artefakte mittels Laserscanning aufgenommen. Besonders reizvoll sind diese Verfahren bei Objekten, die sich in unterschiedlichen Museen befinden. Die einzelnen Teile können gescannt und dann am Bildschirm virtuell zusammengesetzt werden. Weder die naturwissenschaftlichen Methoden noch die technischen Möglichkeiten wurden speziell für die Archäologie entwickelt. Diese ist letztendlich lediglich Nutznießer und profitiert auch davon, dass Naturwissenschaftler und Techniker ein Herz für die Archäologie haben und sich daher gerne – oft auch in ihrer Freizeit – einem nicht profitorientierten Anwendungsgebiet widmen.

Natürlich ist man als Archäologin manchmal überrascht, um wie vieles seriöser und glaubwürdiger Ergebnisse der Naturwissenschaften im Gegensatz zu jenen der Geisteswissenschaften eingestuft werden. Als »Ötzi«, die Eisleiche vom Tisenjoch, am 19. September 1991 gefunden wurde, war jedem Archäologen nach dem Fernsehbericht und der Präsentation des Beils sofort klar, dass es sich um einen bronzezeitlichen Fund handelt. Der Kommentar des Nachrichtensprechers sprach jedoch Bände: »*Es sind nun die C14-Ergebnisse abzuwarten, um festzustellen, ob es sich um eine rezente oder eine historische Leiche handelt.*« Hinter dieser Aussage verbirgt sich die unterschwellige Skepsis gegenüber geisteswissenschaftlichen Methoden, aber auch das blinde Vertrauen in naturwissenschaftliche Analyseergebnisse. Immer wieder ist man als Archäologe mit der Frage konfrontiert, warum man keine Radiokarbondatierungen vorlegen kann. Wenn man darauf antwortet, dass man mit archäologischen Methoden in gewissen Epochen genauer datieren kann, erntet man meist zweifelnde Blicke und ungläubiges Kopfschütteln.

Typologie und Datierung

Eine traditionelle archäologische Methode ist die Typologie. Ausgehend von der auf darwinistischen Ideen basierenden Vorstellung, dass jeder Gegenstand einer steten Veränderung unterworfen ist und Optimierungsgesetzen folgt, wurde im 19. Jahrhundert die Typologie als Klassifizierungsmethode eingeführt. Die Voraussetzung dafür sind genau definierte Kriterien, auf deren Grundlage Typenserien in chronologischer Ordnung gebildet werden. Die Entwicklung eines Typs war – folgt man der traditionellen typologischen Methode – maßgeblich bedingt durch Erfahrungen bei dessen Verwendung, durch das Aufkommen neuer technologischer Möglichkeiten, aber auch durch Einflüsse von außen. Heute wird die Methode der Typologie kritisch gesehen und in wesentlich differenzierterer Form angewendet. Es handelt sich vielfach um typographische Klassifizierungssysteme, die eine Objektgruppe in eine Raum-Zeit-Ordnung sowie einen funktionalen Kontext stellen, ohne daraus allerdings eine evolutionstheoretische Entwicklung abzuleiten. Als Ordnungskriterien dienen Form, Material, Gestaltungsmerkmale und Funktion, wichtig sind zudem parallele, ineinandergreifende Typenserien, die einen direkten Abgleich verschiedener Typen untereinander erlauben, gesicherte Stratifizierungen sowie geschlossene Fundkomplexe, um die relative Gliederung auf ein absolutes zeitliches Gerüst einzupassen. Die auf diese Weise erstellte Typochronologie bildet wiederum die Basis für Auswertungsmethoden wie die Seriations- und Kombinationsanalyse oder die Verbreitungsanalyse und Chorologie.

Die absolutchronologische Einordnung kann historisch, archäologisch, aber auch naturwissenschaftlich erfolgen. Historische Fixpunkte sind beispielsweise genau datierte Gründungen oder Zerstörungen, wie der Vesuvausbruch und die Vernichtung von Pompeji im Jahr 79 n. Chr. Alles was in Pompeji gefunden wird, muss demnach vor diesem Zeitpunkt hergestellt worden sein oder existiert haben. Der Zerstörungsmoment gibt den Archäologen einen *terminus ante quem* (»Zeitpunkt vor dem«) für die materielle Kultur jener Zeit, da sie zum Zeitpunkt der Katastrophe bereits existierte. Allerdings birgt die Verknüpfung eines historisch überlieferten Ereignisses mit einem archäologischen Befund die Gefahr eines klassischen Zirkelschlusses und erfordert daher Skepsis und große Sorgfalt bei der Interpretation. Auch auf den Objekten selbst können sich Datierungsangaben befinden, wie beispielsweise auf Inschriften oder Münzen. Werden sie in einem archäologischen Kontext gefunden, so sind sie *termini post quem* (»Zeitpunkte nach dem«) für dessen Entstehungszeit, denn sie müssen bereits existiert haben, als sie in den Kontext eingebracht wurden. Die Münze ist an sich zwar ein datiertes Objekt, als datierendes Element für einen archäologischen Kontext eignet sie sich jedoch nur sehr eingeschränkt; trotzdem wird ihre Bedeutung nach wie vor gerne überschätzt. Münzen waren bisweilen sehr lange im Umlauf und wurden auch noch nach dem Verlust des Geldwerts als Metallstück weiter verwendet. Daher ist es durchaus möglich, dass sich in einem spätantiken Fundkomplex Münzen des 1. Jahrhunderts n. Chr. finden und dass sich zwischen der keramischen Datierung und der Einzelmünze eine scheinbare Diskrepanz von 500 Jahren auftut. In jedem Fall lohnt es sich, genau darauf zu achten, ob die Münze durch langen Gebrauch bereits stark abgegriffen ist oder in nahezu prägefrischem Zustand, mit hohem Bildrelief und deutlich lesbarer Legende, erhalten ist.

Bei der Interpretation von Münzen sind daher unbedingt zwei Kriterien zu beachten: Zum einen sollte niemals eine einzelne Münze als Datierungskriterium herangezogen werden, sic ist lediglich ein *terminus post quem* für den Kontext, in dem sie auftritt. Zwischen der Prägezeit und dem Deponierungszeitpunkt, also dem Moment, in dem sie verloren wurde, kann eine lange Zeitspanne liegen. Wird dagegen eine große Anzahl von Münzen in einer Schicht gefunden, so steigt die Aussagekraft. Liegen beispielsweise in einem Zerstörungshorizont über tausend Münzen, so ist die statistische Wahrscheinlichkeit, dass sich darunter auch aktuelle Prägungen befinden, hoch. Nichtsdestotrotz ist es immer notwendig, das Münzspektrum eines Ortes, eines Fundplatzes oder eines archäologischen Kontexts mit dem regionalen Münzumlauf zu vergleichen und auf diese Weise zum Beispiel festzustellen, wann die staatliche Versorgung mit Münzen nicht oder nur unzureichend funktionierte. In solchen Zeiten kursierten ältere Münzen wesentlich länger als in Perioden der funktionierenden Geldwirtschaft.

Die archäologische Datierung stützt sich auf geschlossene Fundkomplexe und gesicherte stratigraphische Abfolgen. Die

Auswertung muss in beiden Fällen kontextuell erfolgen, unter Berücksichtigung des gesamten Materials, um etwaige Fehlerquellen möglichst gering zu halten. Eine andere aussagekräftige Methode sind Kreuzdatierungen von Gegenständen, die in zwei oder mehreren Kulturen gleichzeitig auftreten und dadurch jeweils mit unterschiedlichen Materialen vergesellschaftet sind. Vereinfacht heißt das etwa: Wenn germanische Bügelfibeln in spätrömischen Gräbern und umgekehrt typische römische Fibeln in germanischen Grablegen auftauchen, so ist von einem gegenseitigen Güteraustausch und in weiterer Folge von einer Gleichzeitigkeit der Gräber auszugehen. Auch wenn der Warentransfer nur in eine Richtung erfolgte, können diese Importe wichtige Datierungshinweise liefern. Dies gilt insbesondere für Artefakte, die aus sich heraus gut datiert sind oder aber weit verbreitet waren. Beispielsweise findet man attische Keramik des 5. Jahrhunderts im gesamten Mittelmeerraum, immer vergesellschaftet mit dem regionalen, dem autochthonen Fundmaterial. Durch die Gegenüberstellung verschiedenster Fundkomplexe mit großer geographischer Streuung und kultureller Divergenz ergeben sich hervorragende Kontrollmöglichkeiten, aber auch die Chance einer zeitlichen Parallelisierung einer an sich völlig unterschiedlichen materiellen Kultur.

Die Bandbreite der naturwissenschaftlichen Datierungsmethoden vergrößert sich stetig. Am häufigsten angewendet werden neben der Radiokarbonmethode die Dendrochronologie, also die Baumringdatierung, sowie die Thermolumineszenz-Methode, die sich insbesondere bei der zeitlichen Einordnung von Keramiken sehr bewährt hat. Alle drei Methoden sind aber im Bereich der Archäologie nur eingeschränkt einsetzbar. Erfordert die Radiokarbonmethode organisches Material und weist zudem gerade in den historischen Epochen eine so große Schwankungsbreite auf, dass mit den historischen und archäologischen Methoden genauer datiert werden kann, so sind für die Dendrochronologie lückenlose Jahresringtabellen für jede untersuchte Baumart in einer bestimmten Region Voraussetzung. Dies ist bislang nur in wenigen Ausnahmefällen gelungen, wie beim Hohenheimer

Jahresringkalender für Eichen und Kiefern, der sich vom Ende der letzten Eiszeit bis in die Gegenwart erstreckt. Die Thermolumineszenz-Methode funktioniert wiederum nur bei Objekten, die in der Vergangenheit einer Hitzeeinwirkung ausgesetzt waren. Zudem erfordert sie eine genaue Probenentnahme mit Messungen am Fundort selbst sowie ein aufwendiges und kostenintensives Analyseverfahren.

Durch die kombinative Anwendung von historischen, archäologischen und naturwissenschaftlichen Datierungsmethoden erhält man zeitlich absolut eingeordnete Eckpunkte, die ein chronologisches Raster, ein Netz ergeben, über das die materielle Kultur gespannt werden kann.

Archäologen und die Liebe zur Zerstörung

So barbarisch es klingen mag, Archäologen faszinieren Zerstörungen, Katastrophen und Müllhalden. Abrupte Zerstörungen, im besten Fall Katastrophen, konservieren einen punktuellen Zustand und erlauben dadurch eine Momentaufnahme. Wird beispielsweise ein Wohngebäude plötzlich zerstört, so werden die letzten Aktivitäten versiegelt und bleiben für die Nachwelt erhalten. In diesem Fall findet man das Mobiliar – oder das, was sich davon erhalten hat – noch an seinem Platz: Auf den Herden stehen die Kochtöpfe, und in besonders dramatischen Fällen wie Vulkanausbrüchen oder Erdbeben war es auch den Menschen nicht mehr möglich, sich zu retten, und sie wurden unter den Trümmern begraben. Aus diesen menschlichen Tragödien schöpft die Archäologie ein unermesslich großes und aussagekräftiges Quellenmaterial, und gerade die Studien zur Alltagskultur wären ohne Zerstörungsbefunde kaum denkbar.

Im Gegensatz dazu verlaufen Verfallsprozesse wesentlich langsamer. Ein Haus wird aufgegeben und steht leer. Vereinzelt wird das Gebäude aufgesucht und temporär bewohnt. Das Mobiliar und die wiederverwendbaren Baumaterialien werden entfernt und der Rest verfällt langsam. Zuerst verfällt das Dach, dann die Mauern, und letztendlich überwuchert Pflanzenbewuchs die Ruine bis zur Unkenntlichkeit. Die Wurzeln sprengen die Mauern, dringen tief in die Böden ein und beschleunigen dadurch den Verfallsprozess. Die losen Bruchsteine werden entnommen und als Baumaterial anderweitig eingesetzt. Letztendlich bedecken Erde, Flugsand oder Humus das ehemals hoch aufragende Gebäude, von dem oberflächig nichts mehr sichtbar ist.

Die Aussagekraft beider Befunde könnte nicht unterschiedlicher sein: Bei der plötzlichen Zerstörung wird im Idealfall alles konserviert, was allerdings nicht heißt, dass sich auch alles erhalten hat. Organische Materialien verbrennen oder vergehen unter Sauerstoffzufuhr, und oftmals wurde nach Katastrophen der Schutt durchwühlt, nach Wertgegenständen gesucht und Opfer geborgen. Der langsame Verfallsprozess indiziert, dass die aufgegebenen Gebäude verlassen und damit auch ausgeräumt wurden. Übrig bleiben in den meisten Fällen nur Reste von Böden und Mauern, oft auch nur Ausrissgruben und Abdrücke davon. Der Hausrat wurde dagegen von den wegziehenden Bewohnern mitgenommen und die zurückgelassenen Gegenstände wurden von Landstreichern und Tieren aufgesammelt.

Besonders aussagekräftig sind allerdings auch Müllhalden. Antike Abfallgruben auszugraben gehört zu den faszinierendsten Erlebnissen eines Archäologen, da sich gerade im Müll das tägliche Leben abbildet. Hier findet man zerbrochenen und nicht mehr verwendbaren Hausrat, Speiseabfälle, Fäkalien und unter besonderen Erhaltungsbedingungen auch Gegenstände aus organischen Materialien wie Korbwaren, Holzbesteck und Kleidungsreste. Die Müllhalde ist im Gegensatz zum Kunstwerk nichts intentionell Geschaffenes, sondern in ihrer Zusammensetzung ein Zufallsprodukt. Hier spielen Selbstdarstellung, Repräsentation, Wirkung und Rezeption keine Rolle. Die Abfallgrube will mit niemandem kommunizieren und vermittelt keine Programmatik. Es handelt sich schlicht um ein authentisches Abbild des Alltagslebens.

4.
Archäologie und Natur

Städte waren zweifelsohne Ausdruck antiker Zivilisation. Das Leben in einer städtischen Gemeinschaft bzw. die Partizipation an städtischer Kultur stellte auch das erstrebenswerte Ideal des antiken Menschen dar. Das Gegenteil des kultivierten Stadtmenschen war der primitive Barbar, der in Wäldern oder auf Bergen zuhause war. Es sollte aber nicht vergessen werden, dass ein hoher Prozentsatz der antiken Bevölkerung im ländlichen Raum lebte – in Dörfern und Weilern, auf landwirtschaftlichen Gütern, großen Bauernhöfen oder auch in Villen.

Die wilde, unberührte und nicht kultivierte Natur übte auf den antiken Menschen einerseits eine starke Faszination aus, andererseits gingen von ihr Gefahren aus, die als unheilvolle Bedrohung wahrgenommen wurden. Daher wurde sie stets aus der Ferne betrachtet und in Distanz gehalten. Die Eroberung der Natur, ihre Unterwerfung wurde als zivilisatorischer Akt gesehen und als solcher gefeiert. Das Ausgreifen des Menschen, die Urbarmachung von Wäldern und die Erschließung von landwirtschaftlichen Nutzflächen hängen ursächlich mit einem gesteigerten Bedarf an Nahrungsmitteln zusammen. Gerade in den ständig größer und bevölkerungsreicher werdenden Städten war man nicht mehr in der Lage, sich selbst mit den Produkten des unmittelbaren Umlands zu versorgen, die Subsistenzwirtschaft gehörte schon lange der Vergangenheit an. Große landwirtschaftliche Betriebe spezialisierten sich auf den Anbau eines gewissen Produkts und sorgten auch für dessen Vertrieb. So lieferte Ägypten Getreide, Nordafrika Öl, und die griechischen Inseln produzierten besonders schmackhafte Weinsorten. Um mit der Nachfrage Schritt halten zu können, wurden immer mehr Landstriche kultiviert und die unberührte Natur zurückgedrängt.

Folgt man der Vorstellung antiker Menschen, so war die Natur beseelt von Wesen wie Geistern, Nymphen oder Göttern wie Pan, dem Gott der Wälder, Wiesen und der Hirten, der gerne in Höhlen verehrt wurde. Um die furchteinflößende Wildheit der Natur zu bannen und ihr eine Struktur, eine göttliche Ordnung zu geben, wurden Höhlen, Grotten, Quellen, Felswände und andere spezielle Formationen oder auch markante Berggipfel kultisch verehrt und häufig zu Heiligtümern ausgebaut. Mitunter verzichtete man allerdings auf einen monumentalen Ausbau und beließ die Kultstätten in ihrer ursprünglichen Form. Im Zentrum der religiösen Verehrung konnte eine Quelle, ein alter Baum oder aber auch ein Meteorit stehen. Solche heiligen, naturbelassenen Haine finden sich beispielsweise bei den Kelten, aber auch in vielen anderen Kulturen.

Der Bau eines Tempels veränderte das Erscheinungsbild dieser Kultorte erheblich; diese wurden nun durch ein von Menschenhand geschaffenes, häufig monumentales Bauwerk dominiert, während die Natur nur mehr als Kulisse diente. Die Anziehungskraft dieser Heiligtümer war gewaltig, und bald schon entwickelte sich eine rege Wallfahrtstätigkeit, die wiederum infrastrukturelle Einrichtungen forderte. Die logische Folge dieser Entwicklung waren architektonisch gerahmte Naturheiligtümer, deren Urtümlichkeit durch menschliche Interventionen langsam verloren ging.

Gezähmte Natur

Im Gegensatz zur bedrohlichen Wildnis steht die kultivierte, fast artifiziell wirkende Natur, die in den Häusern und Villen inszeniert wurde. Gärten und Parks wurden kunstvoll bepflanzt, in den Häusern und Höfen blühende Sträucher, Blumen und Kräuter gesetzt. Farbliche Vielfalt und Kontraste spielten bei den Arrangements eine große Rolle, zudem wurde auf geometrische Kompositionen, Symmetrie und Dekorationsprogramme großer Wert gelegt. Die Gartengestaltung war Teil des architektonischen Gesamtkonzepts von Landgütern und Stadthäusern und diente auch der Selbstdarstellung des Eigentümers. So holte man sich fremde Pflanzen ins Haus und gestaltete mitunter anspruchsvolle Kompositionen, bei denen Brunnenanlagen, Pavillons, Skulpturengalerien, aber auch exotische Tiere nicht fehlen durften. Die Gärten lagen stets in der Nähe der Repräsentationstrakte und grenzten nicht selten unmittelbar an die Speiseräume. Dadurch war nicht nur ein angenehmes Raumklima gewährleistet, sondern es konnte auch während des Essens der Ausblick genossen werden.

Die künstlich geschaffenen Naturwelten umfassten bisweilen Seen, Bäche und Grotten und boten somit ein Abbild der Natur, dem allerdings Wildheit und Bedrohlichkeit genommen wurden. Diese Szenerie bildete häufig auch eine erschaffene und gestaltete Kulisse für künstlerische Darbietungen, und im Zuge dieser kulturellen und gesellschaftlichen Veranstaltungen konnte Natur gefahrenlos und ohne großen körperlichen Aufwand konsumiert und genossen werden. So wurden Bachläufe zu artifiziellen Seen ausgebaut, auf denen Bootsfahrten unternommen werden konnten.

Neben den Ziergärten besaßen die Stadthäuser und Landsitze in der Regel auch Nutzgärten, in denen Obst, Gemüse und verschiedenste Kräuter und Gewürze angebaut wurden. Meist wurde dafür der Hinterhof verwendet, allerdings kennt man gerade auch bei Stadthäusern zentrale Wirtschaftsbereiche, die von mehreren Familien gemeinschaftlich genutzt wurden. Unter den in Häusern gefundenen Keramikgefäßen befinden sich auch Blumentöpfe, bei denen vor dem Brennen ein ungefähr zwei Zentimeter großes Loch in den Boden durchgestochen worden war. In ihnen wurden sowohl Zier- als auch Nutzpflanzen gezogen und sie verschönerten sowohl die Höfe als auch die Wohnräume.

Sich den Garten ins Haus zu holen, war ein Charakteristikum der antiken Wohnkultur. Höfe wurden gartenähnlich gestaltet, mit Blumen, Nutzpflanzen, Sträuchern und sogar Bäumen bepflanzt und Tiere darin gehalten. Vor allem in Käfige gesperrte Singvögel erfreuten sich großer Beliebtheit. War nicht genügend Platz vorhanden, so erschuf man sich die Natur auf virtuellem Weg, indem man die Wände mit Gartenmalereien verzierte. Reizvolle Ausblicke auf Naturlandschaften suggerierten ländliche Idylle und boten somit eine attraktive Alternative zum hektischen Stadttreiben.

Die Befreiung aus dem Alltag

Das Ideal des antiken Menschen bestand darin, einen möglichst großen Teil seines Lebens dem Müßiggang und dem Studium der schönen Künste, etwa der Schriftstellerei, der Philosophie, der Kunst und Kultur, dem gepflegten Gespräch oder dem gesellschaftlichen und politischen Diskurs zu widmen. Es galt daher, sich vom anstrengenden, hektischen und zuweilen dreckigen Alltagsleben zu befreien und eine selbstbestimmte Existenz aufzubauen. Natürlich war dieses Ideal für einen Großteil der Menschen bereits in der Antike ein unerreichbarer Traum und die Realität eine völlig andere.

Die Antike kennt keine Freizeitkultur. Berufliche Tätigkeit, gesellschaftliches Engagement und Ruhezeiten verschwammen ineinander, fixe Arbeitszeiten, aber auch der regelmäßig konsumierte Urlaub als solcher waren unbekannt. Dem Städter standen nichtsdestotrotz verschiedene Unterhaltungsmöglichkeiten offen. Thermenbesuche, sportliche Aktivitäten, Theateraufführungen oder Gladiatorenkämpfe waren willkommene Abwechslungen zum Arbeitsalltag und erfreuten sich großen Zustroms. Orte intensiver Kommunikation waren auch die öffentlichen Plätze. In der Antike war nur eine verschwindende Minderheit des Schreibens und Lesens mächtig. Die Masse der Bevölkerung war mehr oder weniger illiterat, konnte nicht viel mehr als den eigenen Namen schreiben und war nicht in der Lage, komplexe Texte zu lesen oder gar zu verfassen. Die Menschen waren deshalb darauf angewiesen, dass ihnen vorgelesen und erzählt wurde. Dafür gab es den Berufsstand der Schreiber, Vorleser und Erzähler, die in die Häuser kamen, aber auch auf den öffentlichen Plätzen zur Verfügung standen und ihre Dienstleistungen anboten.

Die Plätze waren Treffpunkte der Bevölkerung, hier wurden Informationen ausgetauscht, politische Reden gehalten und religiöse Dispute ausgetragen, und es wurde fantasievollen Erzählungen von fernen Ländern, Helden und Ungeheuern gelauscht. Aber auch der neueste Klatsch und Tratsch fehlte natürlich nicht. Redner, Prediger und Schauspieler nutzten die öffentliche Plattform. Die Informationen wurden nicht – wie heute – ins Haus geliefert und dort im Privaten konsumiert, sondern im öffentlichen Raum kommuniziert. Der Besuch der Agora oder des Forums war ein gesellschaftliches Ereignis, von dem man viele Neuigkeiten mitnehmen konnte.

Der Müßiggang und die Beschäftigung mit den schönen Künsten waren nur wenigen vorbehalten, und zwar jenen, die finanziell abgesichert waren. Frei und unabhängig über seine Zeit verfügen zu können, war demnach auch ein Gradmesser für Wohlstand. Wer es sich leisten konnte, besaß neben einem Stadtquartier auch ein Landgut. Eingebettet in die Natur, aber ausgestattet mit allem Wohnkomfort konnte man sich auf die wesentlichen Themen des Lebens konzentrieren, sich den eigenen Interessen widmen, Gedanken formulieren oder die Natur einfach genießen.

Ein Haus am Land

In der römischen Kaiserzeit entwickelte sich eine regelrechte Villenkultur. Die Landgüter unterschieden sich zwar in Lage, Größe und Ausstattung, kombinierten aber meist zwei Funktionen, nämlich die als ländliches Refugium und jene als landwirtschaftliche Produktionsstätte. Daraus resultiert auch eine architektonische Zweiteilung in einen repräsentativen Trakt, der als »pars urbana« bezeichnet wurde, und die »pars rustica«, in der sich die bäuerlichen und handwerklichen Einrichtungen befanden. Dort standen die Öl- und Weinpressen, die Speicherbauten für das Getreide, aber auch die Stallanlagen und kleine Werkstätten.

Daneben gab es luxuriöse Anwesen wohlhabender Städter, in denen abseits gesellschaftlicher und beruflicher Verpflichtungen die ländliche Ruhe genossen, aber auch Einladungen ausgesprochen und Gastmähler abgehalten wurden. Die Villa war zum Statussymbol geworden und man überbot sich in architektonischer Raffinesse und Ausstattungsluxus. Und es war nicht nur den römischen Kaisern vorbehalten, in palastartigen Anlagen im Grünen zu residieren.

Bei der Auswahl des Bauplatzes wurde ganz bewusst auf die landschaftliche Einbettung geachtet. Terrassenförmige Substruktionsbauten ließen die Anwesen noch mächtiger erscheinen und ermöglichten darüber hinaus einen besseren Ausblick. Ein atemberaubendes Panorama boten direkt am Meer gelegene Villen, von denen jene des Kaisers Tiberius, die sogenannte Villa Iovis auf Capri, die wohl imposanteste ist. Neben landschaftlichen Gesichtspunkten spielte auch das Klima eine wichtige Rolle beim Bau eines Landguts. Besonders geschätzt waren milde Jahreszeiten ohne große Temperaturschwankungen, und auch Winde sollten keine zu große Beeinträchtigung darstellen. Außerdem wurde darauf geachtet, dass es sommerkühle und winterwarme Bereiche in den Villen gab. Eine genaue Kenntnis des Sonnen- und Lichteinfalls war daher beim Bau der Gebäude dringend notwendig. Oft nutzte man kleine Fluss- und Bachläufe, um diese in die Anlage zu integrieren; die beruhigende Wirkung von rauschendem Wasser wurde bereits in der Antike geschätzt.

Die ausufernde Villenkultur war allerdings auch harscher Kritik ausgesetzt. So nahmen Moralisten, Philosophen und Schriftsteller Anstoß an dem verschwenderischen Luxus und der Okkupation der Natur durch den Menschen. Sehr modern mutet beispielsweise der Philosoph Seneca an, wenn er im 1. Jahrhundert n. Chr. beklagt, dass die landschaftlich schönsten Stellen mit Villen verbaut sind. Bereits im 1. Jahrhundert v. Chr. übt der Dichter Horaz Kritik an den nun überall in Italien entstehenden großen Villen, die seiner Meinung nach die urtümliche Landschaft und das natürliche Gleichgewicht stören. Angeprangert wird jedoch in erster Linie die Maßlosigkeit und Geltungssucht des Menschen, sein ungezügeltes Streben nach Luxus – und weniger die Zerstörung von natürlichem Lebensraum. Bescheidenheit und ein moderates Leben in Harmonie mit der Natur wird zum Ideal erhoben.

Das bäuerliche Leben und die Landwirtschaft

Einfach, selbstgenügsam und zufrieden: So wurde und wird bisweilen noch immer das ländliche Leben dargestellt – meist von jenen, die es selbst nicht erlebt haben. Auch die Antike kannte diese Verklärung und Idealisierung des Schlichten als Ausdruck von Idylle und Authentizität. Das Paradebeispiel dafür ist das Hirtenleben, das in der bukolischen Dichtung sogar Eingang in die Literaturgeschichte geschafft hat. Auch bildlich symbolisiert der gute Hirte einen Verantwortungsträger, der jedes seiner Schafe beim Namen kennt und für die Herde sein Leben gibt. Die Stadt als zivilisatorischer Nukleus birgt dagegen die Gefahr der Dekadenz, sie verweichlicht die Menschen und fördert den Individualismus zulasten der Gemeinschaft.

Ein Großteil der Menschen lebte in der Antike – wie im gesamten präindustriellen Zeitalter – direkt oder indirekt von der Landwirtschaft und war in den Produktionsprozess oder Vertrieb agrarischer Erzeugnisse eingebunden. Ackerbau, Viehzucht und Handel waren die maßgeblichen Faktoren der antiken Wirtschaft, während Dienstleistungen eine nur untergeordnete Rolle spielten. Getreide und Hülsenfrüchte bildeten die Basis der täglichen Ernährung, dienten zur Brotherstellung und wurden zu Brei verarbeitet. Gemüse wurde roh, gegart oder eingelegt konsumiert, besonders beliebt waren Kohlsorten, die speziell in den Wintermonaten auf den Tisch kamen. Aus der Olive wurde nährstoffreiches Öl gewonnen, Pressrückstände dienten als Heizmaterial und das Holz galt als besonders widerstandsfähiges Baumaterial.

Zudem prägten Wein- und Obstkulturen das mediterrane Landschaftsbild. Qualitätsweine wurden über tausende Kilometer hinweg gehandelt und erzielten Höchstpreise auf den Märkten. Bei Ausgrabungen werden meist nur die Weinbehälter, die Amphoren, gefunden, während sich vom Inhalt nur selten etwas erhalten hat. Eine an der Innenseite aufgetragene dicke Harzschicht diente zur Dichtung der bisweilen porösen Gefäße, wodurch das Aroma erhalten blieb. Getrunken wurde der Wein mit Wasser und Gewürzkräutern versetzt. Organisches Material und speziell Pflanzenreste erhalten sich nur unter besonderen Lagerungsbedingungen, etwa in permanent trockenen Wüstengebieten oder unter Luftabschluss. In den meisten Fällen handelt es sich allerdings um unscheinbare verkohlte oder kalzinierte Speiseabfälle, die wertvolle Hinweise auf das Nahrungsspektrum und die Essgewohnheiten liefern können.

Die Viehzucht war ein weiterer wichtiger landwirtschaftlicher Erwerbszweig. Die Tiere wurden entweder am Hof gehalten oder aber in wechselnde Weidegebiete getrieben. Verwertet wurden Milch, Wolle, Felle und Häute, die man zu Leder verarbeitete, sowie natürlich das Fleisch und die Knochen, aus denen Gebrauchsgegenstände hergestellt wurden. Besonders gerne wurden, zumindest während der römischen Kaiserzeit, Schwein und Geflügel gegessen, wie aus Knochenfunden von Schlachttieren eindeutig abzulesen ist. Und auch das Fischereigewerbe blühte – sei es nun am offenen Meer, entlang der Küsten oder an den Flüssen und Süßwasserseen. Fische, Muscheln und Schnecken wurden darüber hinaus in Becken oder Bänken gezüchtet.

In der Landwirtschaft waren sowohl freie Arbeiter, darunter auch Frauen und Kinder, als auch Sklaven tätig. Neben Last- und Nutztieren kamen in beschränktem Ausmaß auch technische Hilfsmittel zum Einsatz. Tiefpflüge ermöglichten ein tieferes Eindringen in die Erde und verhalfen zu ertragreicheren Ernten, maschinelle Behelfe wurden für das Keltern und die Getreideernte entwickelt. Ausgeklügelte Bewässerungssysteme in Ägypten, dem Vorderen Orient und in Nordafrika halfen, Dürreperioden zu überbrücken und eine kontinuierliche

Versorgung der Felder mit Wasser zu gewährleisten. Genaue Natur- und Wetterbeobachtungen waren eine Grundvoraussetzung für eine ertragreiche Ernte, und nirgendwo ist dies augenfälliger als in Ägypten, wo man den Wasserstand des Nils und das Einsetzen der Flut genau kontrollierte. Umgehend wurden diese Informationen von Ober- nach Unterägypten weitergegeben, um für die bevorstehenden Überschwemmungen vorbereitet zu sein. So wurde zwar die Nilflut als segensreiches Werk Gottes angesehen und gefeiert, der nutzbringende Umgang damit basierte allerdings auf rationalen Naturbeobachtungen.

Lebensmittel mussten aber auch haltbar gemacht werden, um sie zum einen über lange Strecken hinweg transportieren zu können, zum anderen, um Vorräte anzulegen. Konserviert wurde durch Trocknen oder das Einlegen in Öl, Salz bzw. salzähnliche Laken, aber auch in Honig. Für den Transport war Verpackungsmaterial notwendig: Übrig bleiben meist nur die keramischen Gefäße wie die Amphoren, während sich jenes aus organischen Materialien wie die Säcke, Körbe, Fässer, Schläuche und Lederbeutel genauso wie der Inhalt längst zersetzt hat. Eine Ausnahme stellt Ägypten mit den dort vorherrschenden hervorragenden Erhaltungsbedingungen für organische Substanzen dar. Der Reichtum und die Vielfalt an Objekten aus vergänglichen Materialien in Ägypten lassen erahnen, wie viel in anderen Regionen eigentlich verloren gegangen ist.

Selbstversorgung und Handel

Die landwirtschaftliche Produktion diente zunächst der Selbstversorgung eines Haushalts. Der eigene Bedarf wurde gedeckt, auf den lokalen Märkten konnten Überschüsse an Dritte verkauft oder eingetauscht werden. Einhergehend mit der gesellschaftlichen Differenzierung und der Gründung von städtischen Siedlungsformen kam es zu einer Spezialisierung in der Landwirtschaft, man produzierte nun nicht mehr nur für sich selbst, sondern für einen größeren Konsumentenkreis. Zwar dominierte der Regionalhandel, allerdings mussten auch gewisse Grundnahrungsmittel, wie Öl und Getreide, über weite Strecken transportiert werden, um die Belieferung der Städte zu gewährleisten und Hungersnöte zu vermeiden. Dies galt vor allem für die Großstädte Rom und Konstantinopel, für deren ausreichende Versorgung man keine Kosten und Mühen scheute.

Die Stadt war auf ihr ländliches Hinterland angewiesen, wo auf Bauernhöfen, Gütern und Latifundien die Nahrungsmittel produziert und verarbeitet wurden. Archäologische Surveys bringen wichtige Aufschlüsse über den ländlichen Raum und verdichten das Bild einer komplexen Siedlungsstruktur, bestehend aus Dörfern und Einzelgehöften. Für bestimmte exotische und exklusive Produkte ging man sogar das Risiko des Fernhandels ein. So kamen Elfenbein aus Zentralafrika, Pfeffer aus Indien oder Aromastoffe von der Arabischen Halbinsel nach Europa. Ein schönes Beispiel ist auch der Weinhandel. Bodentyp und Rebsorte bestimmten die Qualität des Weins und führten zur Herausbildung regionaler Produkte, nach denen auch die antiken Konsumenten verlangten. Einem Gütesiegel gleich wurden die Weinamphoren gestempelt, um eine Garantie über ihre Herkunft abzugeben. Oft finden sich auch – aufgemalt oder eingeritzt – weitere nützliche Informationen, wie etwa die Weinsorte, der Name des Weinguts oder das Abfülldatum.

Unwetter, Schädlinge, Opferungen

Die größte Gefahr für die Bauern war das Wetter, welches die Ernte massiv beeinflussen und im Extremfall binnen kürzester Zeit vernichten konnte. Übermäßig starke Regenfälle hatten zur Folge, dass Oliven nicht reiften, das Obst im Frühstadium verfaulte oder Getreide nur mäßigen Ertrag brachte. Dürreperioden waren immer wieder für vollständige Ernteausfälle verantwortlich und konnten mitunter weitreichende Folgen haben. Eine Dürrekatastrophe in Ägypten konnte beispielsweise zu Versorgungsengpässen und Hungersnöten in Rom und Konstantinopel führen, was wiederum sozialen Sprengstoff in sich barg. Es galt, das Volk mit Brot zu versorgen und mit Spielen zu unterhalten, um Unruhen und Aufstände gar nicht erst aufkommen zu lassen. Mehrjährige wetter- oder klimabedingte Ernteausfälle hatten dramatische Konsequenzen für die Anbauregionen, die Agrarproduktion musste um- oder im Extremfall eingestellt und die Versorgungsstrategie geändert werden. Die Natur konnte somit Auslöser weitreichender Umwälzungen sein: Menschen mussten sich andere Erwerbstätigkeiten suchen oder waren gezwungen, angestammte Siedlungsplätze zu verlassen.

Eine weitere Gefahrenquelle war der Schädlingsbefall: Die Menschen waren mangels biologischer und chemischer Hilfsmittel kaum in der Lage, Heuschrecken- und Käferplagen Herr zu werden. Auch durch Pilze ausgelöste Pflanzenkrankheiten konnten das Erntevolumen stark dezimieren. Gerade die langen Transportwege, auf denen die Nahrungsmittel auf engem Raum gelagert waren, begünstigten den Pilzbefall. Es kam nicht selten vor, dass Getreide aus Ägypten bei der Ankunft in Rom bereits verfault war.

Da man diesen Natureinflüssen mehr oder weniger machtlos gegenüberstand, versuchte man, die Götter zu besänftigen und um eine gute Ernte zu bitten. Wetterkapriolen, (Pflanzen-)Krankheiten und Plagen galten als Strafe der Götter, der nur mit Opfern entgegengewirkt werden konnte. So war die Aussaat, aber auch der Erntevorgang von rituellen Handlungen begleitet. Schlussendlich erfolgte die Danksagung für die eingefahrene Ernte und das glücklich verlaufene landwirtschaftliche Jahr. Mangels Vorhersagen war man auf den über Generationen weitergegebenen Erfahrungsschatz im Wetterdeuten angewiesen, und das Beobachten des Wetters stellte ein geachtetes Metier dar. Aberglaube und Weissagung waren weit verbreitet, Vorzeichen wurden gedeutet und Hinweise auf Missernten sehr ernst genommen. Schnell war man mit

Schuldzuweisungen bei der Hand und suchte Verantwortliche für den Zorn der Götter.

Die Berge in der Antike

Berge, meist dicht bewaldet und nahezu unbesiedelt, wirkten stets bedrohlich und unnahbar. Sie galten als Wetterbringer und bestimmten somit das Schicksal der Menschen mit. Auf markanten Bergspitzen saßen dem Volksglauben nach die Götter, und ein von Nebel und Wolken umhüllter Berggipfel wurde als Zeichen göttlichen Zorns interpretiert. Aber auch das geheimnisvolle Innere des Berges, seine Höhlen und Spalten, war mutmaßlich von Nymphen, Göttern, Halbgöttern, Geistern und anderen Wesen bewohnt.

In den Bergen lauerten in erster Linie Gefahren: Schnelle Wetterumstürze waren bei Reisenden gefürchtet. Ein überraschender Wintereinbruch während einer Alpenüberquerung hätte in der Antike den sicheren Tod bedeutet. Aber auch andere Gefahren lauerten auf den Reisenden. Im unwegsamen Gelände war es leicht, vom Weg abzukommen und sich in der zerklüfteten Bergwelt zu verirren. Zudem konnte man von wilden Tieren überrascht werden, und schließlich war jede Bergüberquerung mit enormen physischen Anstrengungen verbunden.

Berge konnten bezwungen und überquert werden – sie stellten also gewissermaßen ein verbindendes Element dar, waren aber auch eine natürliche Grenze. Aufgrund der Tatsache, dass sie allerdings sehr schwer überblickt und kontrolliert werden konnten, integrierte man sie gerne in das eigene Territorium und verschob die Grenzen an die effizienter und leichter zu verteidigenden Flussläufe. Ein schönes Beispiel dafür ist die Provinz Noricum, die geographisch von den Ostalpen dominiert wird, deren Nordgrenze allerdings die Donau bildet. Die Alpenbewohner galten als besonders raues Bergvolk, das den extremen Witterungsverhältnissen trotzte. Ein diesem Umstand Rechnung tragendes, typisches regionales Erzeugnis waren dicke und strapazierbare Wollmäntel und Umhänge, die aufgrund ihrer hohen Qualität ein begehrtes Handelsgut waren und die auch im diokletianischen Preisedikt erwähnt werden, mit dem Höchstpreise für bestimmte Waren und Arbeitsleistungen festgelegt wurden.

Gebirgige, unwegsame Regionen waren Rückzugsgebiete und Zufluchtsorte. Piraten versteckten sich beispielsweise im zerklüfteten Küstengebiet in Kilikien und organisierten von hier aus ihre Übergriffe auf Handelsschiffe und die Militärflotte. Bergfestungen waren nur schwer einzunehmen und wurden daher besonders in politisch unruhigen Zeiten ausgebaut. Letztendlich zogen sich auch Eremiten in die Berge zurück, um sich in kontemplativer Ruhe und in Harmonie mit der Natur ihren Studien und Gebeten zu widmen.

Berge lieferten wertvolle Rohstoffe, vor allem Metalle, Salz und verschiedene Gesteinsarten, darunter auch Marmore und Bergkristalle. Neben dem obertägigen Erzabbau trieb man Stollensysteme in die Berge, um an die Rohstoff führenden Lagerstätten zu gelangen. Aufgelassene und verstürzte Stollensysteme, Pingenfelder und Erzhalden sind noch heute sichtbare Zeugen des historischen Bergbaus. Die österreichischen Alpen sind besonders reich an solchen Spuren: Salz in Hallstatt, Gold in den Hohen Tauern und Eisen im Görtschitztal in Kärnten.

Eine weitere Attraktion bot die seltene Tier- und Pflanzenwelt der Gebirgsgegenden. Spezielle Exemplare, exotische Besonderheiten, wurden als Geschenke überreicht – oder aber zur Schau gestellt und bei Tierkämpfen eingesetzt.

Die Jagd

Die Jagd selbst war in vielen Kulturen Ausdrucksform von Stärke, Status und kulturellem Selbstverständnis herrschender Eliten, aber auch ein beliebtes Freizeitvergnügen. Die Darstellung des Herrschers als heldenhafter Jäger hat eine lange Tradition und findet sich bereits im Vorderen Orient und in Ägypten. Auch die hellenistischen Könige waren begeisterte Jäger und ließen in ihren Palästen Jagdgehege anlegen. Die verbildlichte Jagd galt als Topos für Mut, Ausdauer und Tüchtigkeit, symbolisierte aber auch die Zugehörigkeit zur höchsten Gesellschaftsschicht und unterstrich damit den eigenen sozialen Rang. In der römischen Kaiserzeit erlebte die Jagd unter Hadrian, selbst ein leidenschaftlicher Jäger, eine Hochblüte, und selbst von Kaiser Karl dem Großen sind Königsjagden überliefert.

Als Teil der Herrscherlegitimation und als identitätsstiftendes Element der Eliten fanden Jagdthemen auch Eingang in die Bilderwelt. Der mythische Jäger war zur Identifikationsfigur für Mitglieder der Oberschicht geworden. Auf Reliefs, Mosaiken, Wandmalereien, in der Toreutik (Metallbearbeitung) und in der Kleinkunst werden Jäger und Gejagte dargestellt. Dies betraf alle Lebensbereiche, die Staatskunst ebenso wie das private Ambiente und selbst einfache Alltagsgegenstände wie Gürtelschnallen und Lampen. Als Sinnbild für die Tugend des Verstorbenen und seine Standeszugehörigkeit tritt uns der Jäger auch in der Sepulkralkunst, häufig auf Sarkophagen und Grabreliefs, entgegen.

Ursprünglich stellte die Jagd trotz aller damit verbundenen Gefahren einen essenziellen Bestandteil des menschlichen Daseins dar und galt primär der Nahrungs- und Rohstoffbeschaffung. Die erlegten Tiere lieferten in erster Linie Fleisch, darüber hinaus wurden aus den Knochen Geräte erzeugt, die Felle und Häute weiterverarbeitet, und sogar die Sehnen fanden als Bögen und Nähfäden Verwendung. Mit der Sesshaftwerdung und der Einführung von Ackerbau und Viehzucht nahm die Bedeutung der Jagd für die Nahrungsbeschaffung zwar deutlich ab, dennoch verspeiste man weiterhin gerne Wildtiere. Bei Ausgrabungen werden zumeist massenweise Tierknochen gefunden, die als Schlacht- oder Speiseabfälle entsorgt wurden. Die Archäozoologie widmet sich der wissenschaftlichen Auswertung der tierischen Überreste und ermöglicht dadurch wichtige Erkenntnisse über Essgewohnheiten. In sesshaften Kulturen spielten Wildtiere für die Fleischversorgung keine essenzielle Rolle mehr, sondern wurden als Spezialität konsumiert. Davon zeugen in Siedlungen gefundene Knochen von Rehen und Hirschen, von Wildhasen, aber auch von Wildgeflügel wie dem Fasan, die eindeutige Schlacht- und Schnittspuren aufweisen. Als besondere Rarität galten exklusiv zubereitete Singvögel, die dazu eingefangen und in Käfigen gehalten wurden.

5.
Archäologie und Umweltproblematik

Aus der historischen Perspektive lässt sich die Umweltzerstörung durch den antiken Menschen sehr deutlich nachvollziehen. Die Verkarstung weiter Landstriche im Mittelmeerraum beispielsweise geht auf die Antike und das Eingreifen des Menschen in das harmonische Gleichgewicht der Natur zurück. Der antike Mensch erkannte die Verkarstung zwar bald, nahm sie jedoch lange als schicksalhaft hin. Dass es sich dabei um eine vom Menschen verursachte Umweltzerstörung handelte, der Einhalt geboten werden sollte, war den antiken Menschen – zumindest legen dies die überlieferten Quellen nahe – nicht bewusst.

Interessanterweise ist der Erste, der diese Verkarstung als schicksalhafte, göttliche Fügung beschreibt, Platon. Er konstatierte, dass sich das Landschaftsbild von Attika deutlich verändert hätte und dort, wo ehemals grüne, fruchtbare Wälder bestanden hatten, nur mehr karstiger Stein anzutreffen sei. Und während ursprünglich das Wasser aufgefangen und in die Städte und Siedlungszentren geliefert werden konnte, würde es in seiner Lebenszeit durch die Verkarstung versickern und somit verloren gehen. Man war sich demnach der Landschaftsveränderung von einer bewaldeten hin zu einer verkarsteten Region bewusst, betrieb aber keine empirische Ursachenforschung und nahm es vielmehr als gegeben hin. Interessant ist allerdings das Bewusstsein um die damit verbundene Konsequenz für den Menschen, die Wasserknappheit in den Ballungsräumen.

Plinius der Ältere, der im 1. Jahrhundert n. Chr. eine Naturgeschichte verfasste und sich auch der Problematik der Ausbeutung der Natur durch den Menschen widmete, kritisierte die damit einhergehende Umweltzerstörung sehr deutlich. Besonders dramatisch sind seine Schilderungen der Folgen des Bergbaus, der ganze Berge zum Einstürzen bringen und Hangrutschungen verursachen würde. Im Gegensatz zu Platon zieht Plinius den Menschen dafür zur Verantwortung. Sein zentraler Kritikpunkt ist dessen Habsucht: die Gier nach Rohstoffen, insbesondere Edelmetallen, um den persönlichen Reichtum zu vergrößern, und die Gier nach Eisen, um Kriege zu führen. Das ungezügelte Streben nach Reichtum und Macht würde den Menschen nicht davon abhalten, auch die Natur zu zerstören. Diese zwei Quellen, die zeitlich sehr weit auseinanderliegen, zeigen, dass Umweltveränderung bewusst wahrgenommen und unterschiedlich erklärt wurde.

Die Umweltarchäologie hat sich in den letzten Jahren als eigene Spezialdisziplin etabliert. Die Frage nach der Mensch-Umwelt-Beziehung ist natürlich eine sehr moderne und beruht auf aktuellen gesellschaftspolitischen Problemen. Daher verwundert es auch nicht, wenn Fragen in Bezug auf Klimaveränderung, Umweltzerstörung und Nachhaltigkeit an die Vergangenheit adressiert werden. Neben der historischen Klimaforschung sind es gerade die anthropogenen Einflüsse – also jene menschlichen Aktionen, die Umweltveränderungen nach sich zogen –, die vonseiten der Archäologie gezielt beleuchtet und analysiert werden.

Im konkreten Fall ist zu fragen, wer in der Antike die Verantwortung für die Verkarstung trug. Ein Verursacher war sicher die Landwirtschaft. Durch Brandrodungen wurden Wälder urbar gemacht und große Getreidemonokulturen angelegt. Darunter litt das ökologische Gleichgewicht, und durch das Fehlen der tief reichenden Wurzeln verringerte sich die Speicherkapazität des Bodens. Ein anderer Verursacher war der Bergbau. Er führte zur Entwaldung, die mit der Erosion von Berghängen und in weiterer Folge einer Veränderung des Landschaftsbildes einherging. Und auch die Holzindustrie wirkte an der Umweltzerstörung mit. Der Wald selbst stellte eine wertvolle Ressource für Brennstoff und Baumaterial dar. Insbesondere in der römischen Kaiserzeit wurde für das Betreiben der Badeanlagen, der Thermen, sehr viel Holz verbraucht. Zypressen- und Zedernholz, aber auch Fichte und Eiche waren beliebte Bauhölzer. Vor allem der Schiff- und Flottenbau führte in der griechischen und römischen Antike schließlich dazu, dass es zu einer starken Dezimierung der

Waldbestände und einer ausgeprägten landschaftlichen Veränderung kam. Die heute charakteristischen verkarsteten Regionen im Mittelmeerraum – die adriatische Küste in Kroatien zum Beispiel, der Libanon oder Griechenland – gehen auf die Aktivität des Menschen in der Antike zurück. Sowohl die Verkarstung als auch die Veränderung des Landschaftsbildes lassen sich archäologisch sehr gut nachweisen. Die Zeichen des vergangenen Bergbaus zeigen sich noch deutlich in der Landschaft. Auf den antiken Bergbau weisen zum Beispiel noch erhaltene oder eingestürzte Stollen und Geröllhalden hin. Mit modernen interdisziplinären Methoden ist es zudem möglich, einen Blick in die Vergangenheit zu werfen; mittels Pollen- und Phytolithenanalyse sowie der Auswertung von botanischen Makroresten lässt sich die antike Vegetation rekonstruieren. So können Archäologen nachvollziehen, wie die Umwelt vor vielen Jahrtausenden ausgesehen haben könnte, wann Veränderungen geschehen sind und welche Folgen daraus abzuleiten sind.

Umweltzerstörung am Beispiel Ephesos

Ephesos ist ein gutes Beispiel für die nachhaltige Wirkung eines vom Menschen eingeleiteten Umweltzerstörungsprozesses. Ephesos lag ursprünglich in einer großen, natürlich geschützten Bucht und verfügte über eine direkte Meeresanbindung. Feine Sande, die über die Flüsse aus dem Hinterland eingebracht wurden, führten zu einer langsamen Verlandung und einer Küstenverschiebung von Osten nach Westen. Dieser natürliche, ursprünglich im Holozän kontinuierlich verlaufende Sedimenteintrag wurde durch anthropogenen Einfluss massiv beschleunigt. Aus Sediment- und Pollenanalysen ist nämlich zu schließen, dass es ab dem 2. Jahrhundert v. Chr. zu einem deutlichen Anstieg der eingeschwemmten Sande und einer Beschleunigung des Verlandungsprozesses gekommen sein muss. Dies dürfte mit der verstärkten Abholzung der

Hänge im Hinterland durch die Römer und mit der Anlage von Monokulturen wie großflächigem Oliven- und Weinanbau einhergegangen sein. Dadurch beschleunigte sich der Sedimentationsprozess so rasant, dass sich in den letzten 2000 Jahren bei gleichbleibendem Meeresspiegel die Küste von Ephesos um gewaltige sieben Kilometer von Ost nach West verschoben hat.

Welche Bedeutung hat das für den Menschen? Die Bewohner der Region standen in enger Verbindung zum Meer. Das Meer war der wichtigste Transport- und Kommunikationsweg und bildete eine wesentliche Nahrungsressource. Meeresfrüchte und Fische spielten eine bedeutende Rolle am Speiseplan der antiken Bewohner von Ephesos. Eine Anbindung an das Meer und funktionierende Häfen stellten das Herz bzw. die Lebensader der Stadt Ephesos dar. Deshalb sah sich der Mensch durch den Verlandungsprozess gezwungen, dem Meer zu folgen, alte Siedlungseinheiten aufzugeben und neue nahe der Küste aufzubauen.

Nutzte man lange Zeit natürliche Hafenbuchten, so wurde im 2. Jahrhundert v. Chr. ein künstliches Hafenbecken erbaut, wohl um die Schlammmassen abzuhalten und einen ungehinderten Schiffsverkehr zu gewährleisten. Es wurde jedoch das Gegenteil erreicht: Das Hafenbecken und bald auch ein Kanal, der dieses Becken mit dem Meer verband, mussten immer wieder vom Schlamm befreit und gesäubert werden. Um die Anbindung an das Meer nicht zu verlieren, verlängerte und erweiterte man den ursprünglich sehr kurzen Kanal stetig, um die Schiffe von der offenen See direkt in das Hafenbecken von Ephesos einfahren lassen zu können.

Die Anstrengungen, die Meeresanbindung von Ephesos aufrechtzuerhalten, waren enorm und erforderten den Einsatz von technischen Hilfsmittel und großem finanziellen Aufwand. Es gab sogar kaiserliche Fürsorgeprogramme, um den Hafen von Ephesos sauber zu halten. Bis in das 3. Jahrhundert dürften diese Programme auch effektiv gewesen sein, doch schließlich war der Verschlammungsprozess nicht mehr aufzuhalten. Ab dem 3. Jahrhundert und dann vermehrt in der Spätantike sahen sich die Ephesier gezwungen, zumindest einen, wenn nicht mehrere Außenhäfen zu betreiben. Dort konnten große Schiffe vor Anker gehen, ihre Waren wurden auf kleinere Schiffe umgeladen und auf diese Weise in die Stadt, in das ehemalige große römische Hafenbecken transportiert. Der Kanal wurde immer enger, das Becken immer kleiner, bis man diesen Transportweg überhaupt aufgab. In der spätbyzantinischen Zeit, ab dem 12. Jahrhundert n. Chr., bestand keine Verbindung zwischen dem römischen Hafenbecken und den Außenhäfen mehr. Wahrscheinlich wurden die Güter nun nur mehr mit sehr kleinen Schiffen über den Fluss, den Kaystros, transportiert, sofern dieser Wasser führte. In Trockenperioden wurden die Waren fortan wesentlich zeitaufwendiger und kostenintensiver über Land transportiert.

Dieses Beispiel zeigt, wie durch menschliche Aktivität – die Abholzung der Wälder und die Anlage von Monokulturen – ein natürlicher Prozess beschleunigt wurde und der Mensch letztendlich, Jahrhunderte später, die Konsequenzen für sein Tun tragen musste. Bereits die Instandhaltung und Wartung stellte die Ephesier vor logistische Herausforderungen und bedurfte großer finanzieller Aufwendungen. Letztendlich hat die Versandung des Hafens aber auch maßgeblich zur Aufgabe der Stadt beigetragen. Die dramatischen Folgen einer Entscheidung des Menschen im 2. Jahrhundert v. Chr. zeigten ihr ganzes Ausmaß erst 800 Jahre später.

Naturkatastrophen in der Antike: Erdbeben

Der Umgang des antiken Menschen mit Naturkatastrophen schwankte zwischen rationalem Handeln und schicksalhaftem Akzeptieren. Überschwemmungen versuchte man beispielsweise nach modernen Prinzipien vorzubeugen. Flüsse, die regelmäßig über die Ufer traten, wurden reguliert und in Kanäle bzw. in Stauseen abgeleitet, um die Überschwemmungen von Siedlungsgebieten fernzuhalten. Allerdings wurden diese Eingriffe in die Natur mitunter auch als Frevel verurteilt, als unlauterer Eingriff in das göttliche Ordnungsprinzip. Es gab durchaus auch die Meinung, Naturkatastrophen seien als göttliche Intervention und als Reaktion auf menschliche Fehlhandlungen zu verstehen und daher als Strafe bedingungslos zu akzeptieren. Nur durch eine ordnungsgemäße Lebensführung, jedoch nicht durch rationale Handlungen könnten Katastrophen verhindert werden. Traten sie ein, müssten die Verfehlungen gesühnt und das aus den Fugen geratene Gleichgewicht wiederhergestellt werden.

Kaum eine Naturkatastrophe hat den Menschen so beschäftigt wie das Erdbeben, und keine andere Naturkatastrophe lässt sich archäologisch besser nachweisen – das glauben zumindest viele Archäologen! Erdbeben galten zwar als Zeichen und als Warnung der Götter, trotzdem wurden bereits sehr früh naturwissenschaftliche Erklärungsmodelle für das Phänomen entwickelt. Thales von Milet gilt als der Erste, von dem überliefert ist, dass er das Auftreten von Erdbeben auf natürliche Ursachen zurückführte. Seiner im 6. Jahrhundert v. Chr. entwickelten Theorie zufolge würden die Erdteile auf dem Weltmeer schwimmen und bei Wasserbewegungen erzittern. Verschiedene andere Erklärungen basierten auf der Annahme, dass Luft über Risse ins Innere der Erde vordringen würde und dadurch die Erderschütterungen auslöse. Wieder andere Erklärungsmodelle sprachen von inneren Feuern, die zu Eruptionen und in weiterer Folge zu Erdbeben führen würden. Laut der aristotelischen Erdbebentheorie hängen Erdbeben mit eingeschlossener Luft, die sich in unterirdischen Höhlen befindet, zusammen. Dringt Wasser in diese Erdhöhlen ein, sucht sich die Luft bzw. das »Pneuma« im Inneren einen Ausweg, wodurch es zum Erdbeben kommt. Spätestens im 2. Jahrhundert v. Chr. war die Verbindung zwischen Erdbeben und Vulkanausbrüchen bekannt, und auch dafür wurden zuweilen natürliche Ursachen verantwortlich gemacht.

Das Mittelmeergebiet ist eine tektonisch und seismisch hochaktive Region und wird bis zum heutigen Tag immer wieder von zuweilen schweren Erdbeben heimgesucht. Im archäologischen Befund zeigen sich Erdbeben durch Absenkungen, Deformationen von Böden, durch Risse und Spalten in Böden und Wänden sowie durch in sich zusammengefallene und verschobene Mauern. Besonders eindrucksvoll sind Erdverflüssigungen, bei denen meist sandiges Material aus unteren Schichten über Spalten nach oben dringt, oft auch Böden durchbricht und somit den Schichtenverlauf invertiert. Auf massive Erdbeben folgten häufig auch Brände. Die Feuergefahr war in den antiken Städten sehr groß, da die Gebäude mit offenen Tonlampen, Kienspänen, Fackeln und Kerzen beleuchtet waren und auf offenem Feuer gekocht wurde. Das Zusammenstürzen einer hölzernen Tragwerk- und Dachkonstruktion löste somit meist einen Brand aus, bei dem der gesamte Hausrat in einer Feuersbrunst vernichtet wurde. In vielen archäologischen Befunden lassen sich demnach Erdbeben mit darauffolgenden Brandkatastrophen verknüpfen. Oftmals waren davon ganze Stadtviertel betroffen, da das Feuer rasch auf umliegende Bauten übergriff und zudem durch die Erdbebenschäden das Eingreifen der Feuerwehr erschwert wurde oder unmöglich geworden war.

Leichte bis mittlere Erdbeben standen gewissermaßen an der Tagesordnung, und die Menschen dürften es gewohnt gewesen sein, mit diesen Beben zu leben. Bei schweren Beben setzten oft kaiserliche Fürsorgeprogramme ein, die den Wiederaufbau der stark in Mitleidenschaft gezogenen Städte und ihres Umlandes unterstützten. Große Erdbebenkatastrophen ereigneten sich freilich seltener, sind aber umso häufiger in den historischen Quellen überliefert. Je dramatischer die Zerstörung, je furchtbarer das Ausmaß der Katastrophe, desto eher war diese erwähnenswert und fand Eingang in die Geschichtsbücher.

Dadurch entsteht bisweilen das Paradoxon, dass Erdbeben zwar archäologisch attestiert sind, aber literarisch nicht erwähnt werden; allerdings findet sich auch der umgekehrte Fall, nämlich der einer gut überlieferten Erdbebenkatastrophe, die sich im archäologischen Befund nicht nachweisen lässt. Nur in wenigen Fällen lassen sich literarische und archäologische Quellen tatsächlich einer einzelnen historischen Erdbebenkatastrophe zuordnen, auch wenn die Forschung gerne das Gegenteil suggeriert. Auch bei der Auswertung archäologischer Befunde ist Vorsicht angebracht. Nicht jeder Mauerriss ist ein Erdbeben, und auch Deformierungen können andere Ursachen haben. Die Spezialdisziplin der Archäoseismologie widmet sich genau der Nachweisproblematik historischer Erdbeben in der materiellen Hinterlassenschaft, aber auch der Modellierung von Erdbebenzerstörungen und Einsturzszenarien.

Für Ephesos konnte für das 3. Jahrhundert n. Chr. eine ganze Erdbebenserie archäologisch attestiert werden. Demzufolge dürfte es ab dem Jahr 230 zu einer erhöhten seismischen Aktivität gekommen sein, die immer wieder zu Zerstörungen führte, auf die stets ein umgehender Wiederaufbau folgte. Diese Maßnahmen waren jedoch von immer geringerer Sorgfalt und wohl auch nachlassenden finanziellen Mitteln geprägt. Nach einer großen, in der ganzen Stadt nachweisbaren Katastrophe um 270/280 n. Chr. entschloss man sich aufgrund der massiven Schäden, zahlreiche Gebäude nicht mehr aufzubauen. Die Evidenz scheint eindeutig: Es handelt sich nicht um eine punktuelle Zerstörung, sondern um einen Zerstörungshorizont, der wohl die ganze Stadt betraf. Überall trifft man bei den Grabungen auf Brandschuttschichten des 3. Jahrhunderts, die mit dieser Erdbebenserie verbunden werden können. Wände und Böden sind stark deformiert, große Risse durchziehen die Mauern, starke Brände wüteten in der Stadt, wie Rauchschwaden eindrucksvoll bezeugen.

Natürlich wurde nach Erdbebenkatastrophen auch in der Antike nach Verletzten gesucht und Tote wurden für eine ordnungsgemäße Bestattung geborgen. Dies überliefern auch antike Schriftsteller. Außerdem versuchte man – sofern möglich –, das Hausinventar aus den Trümmern zu retten und den Schutt nach brauchbaren Gegenständen sowie wiederverwertbaren Materialien durchzusehen. Ein generelles Problem stellten die Schuttmassen dar, die entfernt und deponiert werden mussten. In den meisten Fällen wurden die Gebäude wieder instand gesetzt. Wenn dies aufgrund der Schwere von Schäden allerdings nicht mehr möglich war, wurden sie abgerissen und durch Neubauten ersetzt. Die Menschen der Antike dürften gelernt haben, mit diesen immer wiederkehrenden Erdbeben zu leben.

Tsunamis und Vulkanausbrüche

Zwei weitere Naturgewalten treten häufig in kausalem Zusammenhang mit Erdbeben auf: Tsunamis und Vulkanausbrüche. Es besteht kein Zweifel darüber, dass Tsunami-Katastrophen auch in der Antike stattfanden, jedoch ist in der Forschung nach den Ereignissen im Indischen Ozean im Jahr 2004, die vor allem Indonesien und Thailand schwer getroffen haben, ein regelrechter Tsunami-Boom zu verzeichnen. Plötzlich glaubte man vielerorts, Tsunamis im (geo-)archäologischen Befund zu entdecken, und das sagenumwobene Versinken von Städten wie Atlantis oder die Sintflut wurde medienwirksam mit der Frage nach historischen Flutkatastrophen in Verbindung gebracht. Bei jeder derartigen Sensationsmeldung ist Vorsicht geboten!

Aber natürlich gibt es für bestimmte antike Tsunamis eindeutige Belege. So wurde die griechische Stadt Helike im Jahr 373 v. Chr. von einer Flutkatastrophe heimgesucht. Auf ein massives Erdbeben folgte ein Tsunami, der zum Untergang der in der Provinz Achaia im Norden des Peloponnes gelegenen Stadt inklusive ihres Hafens geführt hat. Antike Schriftsteller beschrieben den dramatischen Untergang von Helike, und in den letzten Jahren gelang es auch Archäologen, die Überreste der antiken Stadt, die nach ihrer Zerstörung nie wieder aufgebaut wurde, teilweise auszugraben. Mittels modernster geophysikalischer Methoden und paläogeographischer Bohrungen ließ sich zunächst die Lage der Stadt genau festlegen. Grabungen brachten die antike Stadt, die unter einer dicken Lehmschicht voller kleiner Muscheln und Mollusken begraben war, schließlich wieder ans Tageslicht. Unter dieser vom Meer eingeschwemmten Schicht stießen die Archäologen auf Mauerreste von Häusern, in denen sie Gefäße, Terrakotta-Idole, Münzen und andere Gegenstände, die sich gut datieren lassen, fanden. Der historisch überlieferte dramatische Untergang der blühenden griechischen Stadt Helike konnte somit auch von archäologischer Seite bestätigt werden. Der Befund ist einer der wenigen wirklich gut abgesicherten Belege für einen antiken Tsunami.

Erdbeben können aber nicht nur von Tsunamis, sondern auch von Vulkanausbrüchen begleitet werden. Berühmte Beispiele für Städte, die durch einen Vulkanausbruch zerstört wurden, sind Pompeji und Herculaneum. Im Jahr 79 n. Chr. wurden Kampanien und alle in der Landschaft gelegenen Städte in Schutt und Asche gelegt. Eine dicke Lava- und Ascheschicht bedeckte die beiden Städte, bis sie durch Schatzsucher und Archäologen wiederentdeckt wurden. Abrupte und endgültige Zerstörungen wie im Fall von Pompeji und Herculaneum sind für Archäologen stets sehr reizvoll, da sie eine Momentaufnahme erlauben.

Man muss sich das so vorstellen, dass alles genau so erhalten bleibt, wie es im Moment der Zerstörung besteht. Die Menschen wurden inmitten von Alltagssituationen überrascht und hatten keine Möglichkeit, ihr Hab und Gut in Sicherheit zu bringen. Mit letzter Kraft versuchten sie lediglich, sich selbst zu retten, oftmals vergeblich. Im Gegensatz zu Siedlungen, die systematisch verlassen wurden oder langsam verfielen, ist unter solchen Umständen reichlich Fundmaterial erhalten, nichts wurde mitgenommen oder abgebaut. Wenn nun zudem ein solcher Befund versiegelt – also quasi verschlossen – ist, dann ist die Aussagekraft noch wesentlich größer. Es gibt keine Veränderungen durch spätere Eingriffe, Renovierungen, Wiederaufbauten und Nutzungen, vielmehr handelt es sich tatsächlich um einen für die Ewigkeit konservierten Moment. Im Fall der kampanischen Städte und Villen lässt sich dieser Moment nahezu auf den Tag genau datieren. Der Untergang Pompejis ist somit einer der ganz wenigen genau datierten Fixpunkte, an denen sich Chronologien orientieren können. Zum Beispiel müssen Wandmalereistile, die in Pompeji anzutreffen sind, demnach bereits vor 79 n. Chr. in Mode gekommen sein. Nicht zufällig spricht man daher von den vier pompejanischen Stilen, aber auch von nachpompejanischer Wandmalerei.

Umweltprobleme in der Stadt

Menschlich verursachte Umweltprobleme betrafen vorwiegend die Städte, und je größer diese waren, desto massiver waren auch die Belastungen, denen die Bewohner ausgesetzt waren. Ein großes Problem stellte etwa die Geruchsbelästigung dar, die in den Städten wahrlich enorm war. Das lag zum einen an den antiken Hygienestandards, die mit modernen nicht zu vergleichen sind. Es wurden jedoch intensive Anstrengungen unternommen, um die hygienischen Bedingungen in den Städten zu verbessern. Aquädukte, Wasserleitungen, Zisternen und Tiefbrunnen versorgten die Bewohner mit Frisch- und Nutzwasser, über ein ausgeklügeltes Kanalsystem wurden die Abwässer abgeleitet. Zahlreiche öffentliche Badeanlagen standen zur Verfügung. Die Lage der Thermen war nicht zufällig gewählt. Entweder standen sie an den Einfallsstraßen der Städte, unmittelbar innerhalb der Stadttore, und boten Ankömmlingen die Möglichkeit, sich zu reinigen, oder aber sie befanden sich in der Nähe von Plätzen und öffentlichen Gebäuden, wo es zu großen Menschenansammlungen kam, beispielsweise bei den Foren und den Theatern.

Der Körperpflege wurde großes Augenmerk geschenkt, wovon im archäologischen Befund zahlreiche Utensilien wie Salbgefäße, Schminkpaletten, Schabgeräte, Pinzetten, Löffel und Nadeln zeugen. Trotzdem litten weite Bevölkerungskreise unter Ungezieferbefall, Karies und eitrigen Entzündungsherden. Ärzte erfreuten sich großen Ansehens und verfügten über hohes medizinisches Wissen, waren jedoch Infektionen und Epidemien gegenüber weitgehend machtlos. Hygienischen Vorschriften zufolge mussten weiters die Toten außerhalb der Stadtgrenzen, abseits der Wohnbereiche, bestattet werden. Betrachtet man antike Städte, so sieht man meist einen Nekropolengürtel, der sich um die Städte legt, sowie Ausfallsstraßen, die von Grabreihen flankiert sind. Nur die Privathäuser wohlhabender Familien verfügten über Toiletten, Nachttöpfe waren vermutlich wesentlich häufiger, die meisten Menschen frequentierten öffentliche Latrinen oder verrichteten ihre Notdurft in den verwinkelten Gassen und Hinterhöfen. Darstellungen, die das öffentliche Urinieren an den Pranger stellen, sind letztendlich nur ein Beweis dafür, dass es sich um eine geläufige Praxis gehandelt haben muss. Tierischer wie menschlicher Kot und Urin verpesteten und verunreinigten die Luft. Zwar versuchte man, geruchsintensive Handwerksbetriebe wie Gerbereien und Färbereien an der Peripherie der Städte anzusiedeln, trotzdem verursachten die innerstädtischen Werkstätten eine starke Geruchsbelästigung, die durch zahlreiche Verkaufsläden, öffentliche Küchen und Tavernen nur noch verstärkt wurde. Deren Abfälle – verrottendes Gemüse und Obst sowie tierische Abfälle – wurden in nahe gelegene Kanäle oder in Straßenrinnen entsorgt und entwickelten gerade bei heißen Sommertemperaturen einen unangenehmen Gestank.

Doch es war nicht nur die Geruchsbelästigung, die dem Städter zusetzte, er sah sich zudem mit einer bisweilen erheblichen Luftverschmutzung konfrontiert. Bei Weitem nicht alle Straßen hatten einen glatten Marmorbelag, viele waren geschottert oder mit kompakter Erde belegt. Der Wagenverkehr verursachte eine starke Staubentwicklung, die durch die saisonale Trockenheit dramatisch verstärkt wurde. Aber auch im Zuge handwerklicher Tätigkeiten wie dem Schmieden, dem Schleifen von Steinen, dem Drechseln von Holz oder dem Mahlen von Getreide entwickelte sich eine enorme Feinstaubbelastung. Innerhalb der Häuser sorgte das offene Feuer der Beleuchtungsgeräte sowie der Herde für eine starke Rußbildung, und vor allem in den kälteren Wintermonaten wurde die Luft durch das Beheizen von Privathäusern und öffentlichen Gebäuden verunreinigt. Für den ständigen Betrieb der großen Badeanlagen musste massenweise Holz herangekarrt werden. In den Heizgängen arbeiteten Sklaven bei starker

Archäologie und Umweltproblematik

Rauchentwicklung unter unmenschlichen Bedingungen, um den Badekomfort der Gäste zu gewährleisten.

Der Stadtmensch sah sich auch mit einer großen Lärmbelästigung konfrontiert, die speziell durch den Wagenverkehr, aber auch durch das hektische Treiben auf den Straßen hervorgerufen wurde. Antike Quellen beklagen das städtische Chaos, und bereits der antike Mensch flüchtete vor urbanem Lärm und Hektik aufs Land.

Was den Umgang mit Müll bzw. Mist betraf, so war es üblich, den Hausrat einfach auf die Gasse, in Rinnen und Kanäle zu werfen und mit Wasser zu spülen, um das Ganze abfließen zu lassen. Die Verrottung organischen Mülls führte zwar zu einer temporär starken Geruchsbelästigung, dafür hinterließ dieser langfristig keine Rückstände und wurde vollständig abgebaut. Problematisch war dagegen die Entsorgung von nicht organischen Rückständen, vor allem wenn diese in Massen auftraten. So mussten nach Erdbebenkatastrophen, bei denen ganze Stadtviertel einstürzten, Unmengen von Bauschutt und zerbrochenem Hausrat entsorgt werden. Dies stellte eine große logistische Herausforderung dar.

Bei kleineren Mengen war es durchaus möglich, den Müll auf Wägen zu verladen und rasch aus den Städten hinauszukarren. Um größerer Schuttmengen Herr zu werden, unterzog man das Material einer strikten Mülltrennung. Verwertbares wurde ausgesondert, Ziegel etwa sorgfältig aus dem Mauerverband abgeklopft, um als Baumaterial wiederverwendet werden zu können. Nicht zerbrochene Dachziegel wurden für einen neuerlichen Einsatz aussortiert, gebrochene Stücke dagegen als Müll entsorgt.

Der nicht mehr verwertbare Müll – häufig Mörtelbrocken, gebrochene Ziegel und Keramikgefäße – musste einer Endlagerung zugeführt werden. Eine sehr ökonomische Möglichkeit war die Verwendung dieses Schutts für Baumaßnahmen. Häufig wurde gleich in den zerstörten Gebäuden selbst das Bodenniveau angehoben und dafür der Zerstörungsschutt sorgfältig einplaniert. Großflächig fand diese Technik bei Terrassierungsmaßnahmen Verwendung. Karrenweise wurde Bauschutt herangeschafft, um Terrassen zu errichten, wobei

sich häufig noch der Einschüttvorgang und die -richtung nachvollziehen lassen. Durch diese Vorgangsweise konnten zwei Fliegen mit einer Klappe geschlagen werden: Man entledigte sich einerseits des unbrauchbar gewordenen Bauschutts, andererseits hatte man Baumaterial rasch und wohl auch günstig zur Verfügung.
Eine weitere Möglichkeit bestand darin, einige Räume von Gebäuden oder ganze Bauplätze bzw. Stadtareale aufzugeben und hier den Müll abzulagern. Häufig finden sich in römischen Häusern abgemauerte Räume, die von oben mit Schutt vollgefüllt waren. Auf diese Weise konnte man andere Wohnbereiche rasch freischaufeln und sich ohne großen Aufwand des Abfalls entledigen. Zentral gelegene Mülldeponien finden sich insbesondere in Städten mit sinkenden Bevölkerungszahlen und einer Verkleinerung des Stadtgebiets. Nicht mehr benötigte Areale wurden kurzerhand umfunktioniert und erleichterten die Abfallbewirtschaftung.

Recycling historisch

Die Antike war eine Recycling-Gesellschaft. Was wiederverwendet werden konnte, wurde wiederverwendet. Glas und verschiedene Metalle (Eisen, Kupfer, Blei etc.) wurden gesammelt und eingeschmolzen, um daraus neue Objekte zu schaffen. Bronzestatuen, die nicht mehr gebraucht oder nicht mehr gewünscht waren, wurden zerhackt und geschmolzen; daraus wurden beispielsweise Schmuck und Alltagsgegenstände hergestellt. In metallverarbeitenden Werkstätten finden sich immer wieder Fragmente von Bronzeskulpturen, die als Altmaterial zwischengelagert wurden. Vorauszusetzen waren eine konsequente Mülltrennung und entsprechende Arbeiter, die damit beauftragt waren. Sie suchten die Metallhandwerker auf, um das wiederverwertbare Rohmaterial einzutauschen oder zu verkaufen. Auch das Baumaterial wurde sauber aussortiert und auf verwertbare Teile kontrolliert. Dazu zählten

Dach-, Mauer- und Heizungsziegel, Steine, bisweilen auch Mörtelbrocken und – sofern erhalten geblieben – Holz.

Als die römischen Städte in der Spätantike schrumpften, konnten die Bewohner aus dem Vollen schöpfen. Überall stand Material zur Verfügung, das man für neue Bauprojekte verwenden konnte. Betrachtet man spätantike Säulenhallen genau, so sieht man häufig Säulen unterschiedlicher Höhe, Durchmesser und Bearbeitungstechnik darin verbaut. Auch die Basen und Kapitelle sind nicht einheitlich, vielmehr wurden auch sie zusammengetragen. Aus diesem Sammelsurium von Altstücken entstanden interessante Neuschöpfungen, deren Reiz nicht zuletzt in der Vielfalt des Verwendeten liegt. Ganz besonders gilt dies für kaiserzeitliche Statuen, die in ihrer spätantiken Aufstellung ihre ursprüngliche Bedeutung verloren. Daher kann es vorkommen, dass Statue und Inschriftenbasis nicht zueinandergehören und nicht aufeinander Bezug nehmen. Ästhetische und nicht mehr inhaltliche Prinzipien waren verantwortlich für die Präsentation der Statue. Nicht der dargestellten realen Person, sondern dem Kunstobjekt galt die ganze Aufmerksamkeit.

Vielfach wurden Architekturteile und Skulpturen aber auch ab- oder umgearbeitet und als Baumaterial – als sogenannte Spolien – eingesetzt. Bei Statuen verwendete man meist nur den massiven Rumpf, während Beine, Arme und der Kopf abgeschlagen wurden. Die kleineren Teile konnten als Mörtelzuschlagstoff gebraucht, aber auch zu Kalk verbrannt werden.

Nicht nur wertvolles Geschirr, sondern auch die an sich billigen Keramikgefäße wurden geflickt. Dafür bohrte man an den anpassenden, jedoch zerbrochenen Stellen je ein Loch und verband sie mit Bleiklammern. Hatte ein Gefäß seine Originalfunktion verloren, so wurde es anderweitig eingesetzt und blieb so noch lange in Gebrauch. Auch nachdem Gefäße zu Bruch gegangen waren, konnte man zumindest Teile davon recyceln. So ließen sich beispielsweise aus gebrochenen Amphoren leicht Webgewichte oder Deckel herstellen.

6.

Archäologie und Religion

Man muss sich immer bewusst sein, dass es uns nur bis zu einem gewissen Grad möglich ist, das Denken und Handeln antiker Menschen zu verstehen. Zu viel hat sich im Laufe der letzten Jahrtausende verändert und zu weit sind wir von unseren Vorfahren entfernt. Dies trifft auch und ganz besonders beim Versuch zu, antike Religiosität zu verstehen.

Polytheistische Religionen charakterisiert, dass sich gleichzeitig und in verschiedenen Landschaften, aber auch zu unterschiedlichen Zeiten verschiedenste Kulte herausbilden können. Später auftretende Gottheiten können daher problemlos in den bereits vorhandenen Götterhimmel integriert werden. Ein Nebeneinander zahlreicher Gottheiten zeichnet den Polytheismus aus. Die meisten von ihnen verlassen ihren regionalen Wirkungskreis nie, manche aber erfahren weite Verbreitung. Ihre Strahlkraft und Macht war ausschlaggebend für die Attraktivität, mit der sie Massen in ihren Bann zogen. Gottheiten konnten eine Landschaft beherrschen, aber auch Schutzfunktion über eine Stadt ausüben. Es existierten demnach zahlreiche Kulte parallel, sowohl an einem Ort als auch an verschiedenen Plätzen.

Vielfach trugen die Gottheiten den gleichen Namen und waren nur durch ihren Beinamen genauer ausgewiesen. Unzählbar sind die Heiligtümer der Göttin Artemis, aber die vielen namensgleichen Göttinnen in Brauron, Sparta, Lousoi oder Ephesos unterscheiden sich in ihrem Wesen, ihrem Erscheinungsbild und ihrer Wirkung bisweilen gravierend. Eindeutigkeit erhalten sie durch ihre Beinamen Brauronia, Orthia, Hemera und natürlich Ephesia. Ihre Verehrung entsprang lokalen Kulttraditionen, und während die Artemis von Lousoi auf einen regionalen Wirkungskreis beschränkt blieb, entwickelten sich die Heiligtümer von Brauron und Ephesos zu bedeutenden Kultorten. Es kann durchaus sein, dass die eine Artemis von der anderen überhaupt nicht gewusst hat.

Götter können nicht nur an Bedeutung verlieren, sondern auch an Einfluss gewinnen, ebenso existieren zahlreiche Kulte nebeneinander. In einer Stadt standen viele Tempel, Heiligtümer und Altäre für unterschiedlichste Gottheiten, und auch bei der Verehrung gab es kein Exklusivitätsprinzip. Ein Anhänger der Artemis konnte auch der Aphrodite opfern, die Zuwendung richtete sich nach der Art des Wunsches, der Opfernde suchte sich quasi die richtige Gottheit für sein Ansinnen. Handwerker verehrten Götter, die ihrer Zunft nahestanden, wie Schmiede den Hephaistos oder die Künstler Athena. Sie trug im Übrigen auch die Obsorge über die Wissenschaften.
Die antike Religion war zudem nicht durch Glauben definiert, sondern durch den Kult. Nicht die individuelle Beziehung zwischen Mensch und Gott, sondern die kollektive Durchführung von Kulthandlungen stand im Zentrum religiöser Aktivitäten. Durch Gebet, Opfer und Weihung war es in der Vorstellung der Menschen möglich, in Kontakt mit der Gottheit zu treten, ihren Beistand zu erbitten und ihr zu danken.

Religion als Ordnungsmacht

Religion ist ein ordnendes Prinzip. Kulthandlungen ordnen den Tag, die Woche und Jahreszeiten. Das antike Jahr folgt einem Rhythmus aus religiösen Festen. Das Ordnungsprinzip der Religion ist aber auch ein politischer Stabilitätsfaktor und wird von staatlichen Instanzen bewusst inszeniert, um eine ganz bestimmte, nämlich die »von Gott gegebene göttliche Ordnung« aufrechtzuerhalten.

Religiöse Bräuche sind identitätsstiftende Merkmale einer Gemeinschaft, einer Stadt, eines Berufsverbands, eines Kultvereins. Dabei handelte man nach dem *Do ut des*-Prinzip, was so viel heißt wie: Ich gebe dir, damit du mir gibst. Die religiösen Pflichten müssen erfüllt und die rituellen Handlungen ordnungsgemäß durchgeführt werden. Dafür wird der Mensch von den Göttern belohnt und erhält, was er sich gewünscht hat.

Sehr oft geht es dabei um anlassbezogene Handlungen und konkrete Wünsche, für die man als Gegenleistung göttliches Entgegenkommen einfordert. Antike Religionsvorstellungen sind von einem starken Diesseitsprinzip geprägt, die Beziehung zwischen den Menschen und den Göttern konzentrierte sich auf das Hier und Heute. Dies setzt die Opferreligionen in starken Gegensatz zu den Erlöserreligionen, die die Befreiung von allem Übel und das Heil im Jenseits versprechen.

Feste, Opfer und Weihungen

Religiöse Feste strukturierten das antike Jahr, und alle gesellschaftlichen Ebenen waren davon betroffen. Neben den offiziellen Staatsfesten hatte jede Kultgemeinschaft ihre eigenen immer wiederkehrenden Rituale, und auch in den Haushalten hatten tägliche Kulthandlungen ihren festen Platz. Durchgeführt wurden die häuslichen Opfer vom Hausherrn, der dadurch das Wohl des Hauses und der darin wohnenden Personen garantierte. Das Festhalten an Ritualen und deren ordnungsgemäße Abwicklung war daher elementar für alle gesellschaftlichen Gruppen, sei es nun die Familie, die Stadt oder den Staat. Staatliche Gemeinschaften waren ohne religiöses Fundament nicht denkbar – eine Grundstruktur, die auch nie angezweifelt wurde. Aber auch der Alltag musste Gesetzlichkeiten folgen; Gebote und Verbote wurden eingeführt, um gegen Abweichungen vorzugehen und eingreifen zu können. Dazu gehörten auch Verhaltensregeln, beispielsweise bei Opferhandlungen oder bei Prozessionen. Damit sollte Übel von der Gemeinschaft abgewehrt werden. Vergehen eines Einzelnen gegen die göttliche Ordnung konnten das Ganze gefährden, und dies musste verhindert werden.

Die Heiligtümer konnten sehr verschieden gestaltet sein. Heilige Bezirke kennzeichnete in ihrer ursprünglichen Form oft nur ein Naturmal – ein alter Baum, eine besondere Felsformation, eine Höhle, eine Quelle – ohne bauliche Veränderungen. Von Monumentalisierung spricht man, wenn diese Quellen gefasst, Tempel gebaut und heilige Bezirke in einen architektonischen Rahmen gesetzt werden. Das bekannteste Beispiel ist zweifelsohne die Kaaba als monumentale Fassung eines Meteoriten. Im Mittelpunkt antiker Heiligtümer stand häufig ein Tempel, Haus und Wohnort der hier verehrten Gottheit. Die Kulthandlungen fanden dagegen am Altar statt, der sich allerdings nicht im Tempel, sondern in unmittelbarer Nähe davon befand. Wichtig ist zudem, dass das Heiligtumsareal, das Temenos, klare Grenzen hatte. Es musste sichtbar sein, was drinnen und was draußen ist, meist geschah dies durch das Setzen von Grenzsteinen oder die Errichtung einer Umfriedung, eines Peribolos.

Ein wichtiger Bestandteil antiker Kulthandlungen war das Opfer. Geopfert werden konnten Lebewesen, Speisen, Getränke – Wasser, Wein und Öl –, Weihrauch sowie Gegenstände unterschiedlichster Art, beliebt waren Schmuck und Waffen. Solche Opfergaben findet man bei Kelten und Germanen häufig in Mooren oder Flüssen versenkt, aber auch in heiligen Hainen, vor Tempeln, bei Altären und Gräbern. Trankopfer wurden vergossen und Rauchopfer durch das Schwenken von speziell dafür vorgesehenen Gefäßen in der Luft verbreitet. Zahlreiche Kulturen kennen Menschenopfer, im griechisch-römischen Kulturkreis war es jedoch wesentlich üblicher, Tiere zu opfern. Ein Teil wurde dabei den Göttern überlassen und der Rest auf die Kultgemeinde aufgeteilt und bei den Kultfesten an Ort und Stelle verzehrt. Opfervorgänge werden in literarischen und epigraphischen Quellen beschrieben, sind auf bildlichen Darstellungen überliefert, und viele Überreste davon finden sich auch bei archäologischen Ausgrabungen. Der Grund dafür liegt in der Tatsache, dass einmal einer Gottheit Übergebenes, also Geweihtes, als deren Eigentum galt und nicht mehr entwendet werden durfte. Dies führte dazu, dass alles, was in Heiligtümern verwendet wurde, auch dort verblieb. Nach den Kultmählern wurden Gruben ausgehoben und das Geschirr und die Essensreste darin deponiert.

Während Trank und Rauch materiell nur indirekt – über die Gefäße, mit denen sie geopfert wurden – fassbar sind, bleiben von den Speise- und Tieropfern tatsächlich Reste zurück. In der unmittelbaren Umgebung von Altären sind häufig Konzentrationen von Tierknochen zu beobachten, die wohl als Rückstände von Opferhandlungen angesehen werden dürfen. Aufgrund der selektiven Auswahl von Knochenfunden in Heiligtümern ist deutlich ablesbar, dass ganz spezielle Körperteile geopfert wurden, während der Rest – die fleischtragenden Stücke – auf die Festgemeinschaft aufgeteilt wurde. Die Varianz an Opfertieren ist groß: Beliebt waren Stiere, Schafe, Ziegen, aber auch beispielsweise Hühner, meist im besten Schlachtalter. Die geopferten Körperteile sind meist stark verbrannt, trotzdem ist es möglich, Praktiken des Schlachtens zu rekonstruieren. Durch eine genaue Beobachtung der Hieb- und Schneidespuren wird analysiert, ob das Tier fachmännisch zerteilt oder nur gevierteilt wurde. Zudem ist es möglich, die Temperatur, mit der das Opfertier verbrannt wurde, zu bestimmen. Werden Speiseopfer stark verbrannt, so finden sich auch deren Rückstände – Reste von Früchten, spezielle Kuchen oder Getreide – als verkohlte Reste im archäologischen Befund.

Im Hauskult wurde mindestens vor jedem Essen, häufig vor jedem Speisegang ein kleines Trankopfer dargebracht. Auch der private Tagesablauf war gekennzeichnet von Speise-, Trank- und Rauchopfern, und diese waren Aufgabe des Hausherrn, des *pater familias*. Dazu verwendete man spezifische Gefäße, sogenannte Thymiaterien, die zahlreich in Wohngebäuden gefunden werden. Viele von ihnen tragen noch Rußspuren, Zeugen ihrer ursprünglichen Verwendung als Kultobjekte. Usus waren auch Bauopfer und Gleichenfeiern. Unter Fußböden und Schwellen finden sich sorgfältig hingestellte Gefäße, in den Boden eingelassene Gruben enthielten das bei diesen Feiern verwendete Geschirr. In den Privathäusern treten persönliche Religionsvorstellungen deutlich zutage. Hier manifestiert sich die individuelle Präferenz für eine bestimmte Gottheit oder mehrere Götter. Ferner musste auch den Schutzgöttern und -geistern der Häuser geopfert werden, den Penaten und den Genien.

Dankbarkeit kam auch durch Weihungen an die Götter zum Ausdruck. Weihegaben können ganz unterschiedliche

Dinge sein, etwa Kleider, Tracht, Schmuck und Waffen, aber auch Geräte wie Spieße und Barren, die auf Basis ihres Metallwerts als prämonetäres Tauschmittel kursierten und die Münzweihung vorwegnehmen. Die Weihung kann auf ein erfülltes Gelübde zurückgehen, beispielsweise eine glückliche Geburt oder einen heil überstandenen Krieg. Viele der Trachtweihungen – etwa Gürtel, Brustschmuck und Fibeln – dürfen wohl eigentlich als Gewandweihungen verstanden werden. Während allerdings die textilen Teile vergangen sind und die Erdlagerung nicht überdauert haben, blieben jene Bestandteile aus nicht organischen Materialien, meist Metall, erhalten. Statuetten in Menschengestalt und Tierfigurinen aus edlen Materialien wie Gold oder Elfenbein, aber auch solche aus Kupfer oder aus gebranntem Ton – sogenannte Terrakotten – waren besonders beliebt. Hinzu kommen Inschriften, Votivtäfelchen und Reliefs als Ausdruck der Verbundenheit zwischen dem Weihenden und seiner Gottheit, von der er sich Beistand erbat oder der er seinen ganz persönlichen Dank zum Ausdruck brachte.

Macht- und Schutzfunktion von Heiligtümern

Heiligtümer sind viel mehr als ein Tempel. Die Kulthandlungen konzentrierten sich um den Altar, während der Tempel selbst der Gottheit vorbehalten blieb. Darin stand das Kultbild, das zu Festtagen gezeigt und bisweilen im Rahmen von Prozessionen aus dem Tempel geführt und herumgetragen wurde. Auf Festwiesen und Plätzen wurden die Feiern abgehalten und Bankette ausgerichtet. Letztendlich brauchte das Geschehen auch eine Infrastruktur. Küchen, Grillplätze, Wasserzuleitungen, Brunnen und Lagerräume sind daher auch in Kultstätten vorhanden. Der Ausgestaltung von Heiligtümern waren keine Grenzen gesetzt. Gästehäuser dienten der Unterkunft, in Banketträumen konnten Gruppen getrennt von den Massen speisen, Straßen und Plätze wurden mit Säulenstellungen und Statuen- und Inschriftenweihungen geschmückt und Schatzhäuser wurden errichtet, um die wertvollen Weihegeschenke aufzubewahren und zur Schau zu stellen.

Auch in den Heiligtümern hinterließen öffentliche und private Stifter deutliche Spuren. Sie richteten Festspiele zu Ehren der Götter aus und schufen nicht selten auch die dafür notwendige Infrastruktur. So wurden kleine Theater, Stadien und weitere Stätten zur Austragung athletischer und musischer Agone in den Heiligtümern erbaut. Stiftungen in Heiligtümern waren ein beliebtes Mittel der Selbstdarstellung und Propaganda, dienten letztendlich aber auch dazu, die Götter für eigene Zwecke milde zu stimmen. In diesem Sinne versuchten Machthaber, Könige und Kaiser, in Heiligtümer zu investieren. Eine besondere kaiserliche Fürsorge für eine bestimmte Gottheit konnte deren Attraktivität steigern, andererseits gab es aber auch Heiligtumsverwaltungen, die einer zu starken Einflussnahme durch Herrscher entgegenwirkten. Darin kommt das oft schwierige Verhältnis zwischen weltlicher und göttlicher Macht deutlich zum Ausdruck.

Heiligtümer hatten eine stark identitätsstiftende Komponente. Als regionaler Machtfaktor und Kultzentrum bildeten sie häufig das verbindende Element zwischen kleinen Siedlungseinheiten, seien es nun Städte, Dörfer oder Einzelgehöfte. Während der Dauer der Feste sollte Frieden herrschen, um die Teilnahme an den Veranstaltungen zu gewährleisten. Religion vermag zu verbinden, und dass Heiligtümer ein solches Gemeinschaftsgefühl entwickeln konnten, zeigt sich am besten an den panhellenistischen Heiligtümern der Griechen in Olympia, Delphi, Isthmos und Nemea. Kultstätten etablierten sich auch als Orte mit politischer und gesellschaftlicher Macht. Hier werden in Stein gemeißelte Gesetzestexte und Gerichtsurteile öffentlich aufgestellt und Streitigkeiten ausgetragen.

Gerade in diesem Zusammenhang ist auch auf die Asylfunktion antiker Heiligtümer hinzuweisen. Sie liegt in der Vorstellung von der Unantastbarkeit des Temenos begründet. Alles, was innerhalb des heiligen Bezirks liegt, gehört somit der Gottheit und ist vor weltlichem Zugriff geschützt. Dies galt auch für Menschen, die sich vor Verfolgung in ein Heiligtum flüchteten. Frauen versuchten so, einer Zwangsverheiratung zu entgehen, Sklaven suchten Schutz vor grausamen Herren, aber auch prominente historische Persönlichkeiten mussten sich in die Obhut von Gottheiten begeben. Als etwa Arsinoe IV., die Schwester Kleopatras der Großen, ins Exil gehen musste, wählte sie das Artemision von Ephesos als Asylheiligtum. Hier wähnte sie sich sicher, wurde jedoch einige Jahre später von Gefolgsleuten ihrer Schwester ermordet. Diese hatten damit einen großen Frevel begangen, der letztendlich auch gesühnt wurde: Marcus Antonius und Kleopatra verloren die Schlacht von Actium, und Octavian, der spätere Kaiser Augustus, konnte sich durchsetzen. Möglicherweise war es der Kaiser, der Arsinoe ein spätes Denkmal setzte und sie im Stadtzentrum von Ephesos in einem aufwendigen Grabmonument, dem sogenannten Oktogon, bestatten ließ. Wohlhabende Asylanten investierten in die Heiligtümer und trugen maßgeblich zu ihrem prachtvollen Ausbau bei. Das heute wieder sehr aktuelle Kirchenasyl tradiert diesen antiken Asylbrauch: Im Sinne christlicher Barmherzigkeit und Nächstenliebe wird Schutzsuchenden Obdach geboten und der Klerus tritt als Vermittler zwischen Verfolgten und Ordnungshütern auf.

Letztendlich profitierten die Kultstätten auch von testamentarischen Verfügungen: Stand kein oder kein geeigneter Erbe zu Verfügung, so wurde das persönliche Vermögen der Gottheit übertragen, deren Priester es investieren konnten. Die Unantastbarkeit antiker Heiligtümer hatte auch zur Folge, dass dort gerne Wertgegenstände und Geld zur sicheren Aufbewahrung abgegeben wurden. Daraus entwickelten sich richtige Tempelbanken, die Geldgeschäfte durchführten und verzinste Kredite und Darlehen vergaben.

Der wirtschaftliche Faktor von Heiligtümern darf daher keinesfalls unterschätzt werden. Hinzu kommt, dass die meisten über ausgedehnten Landbesitz verfügten. Das Tempelland war durch Grenzsteine markiert und konnte von der Priesterschaft selbst verwaltet, aber auch verpachtet werden. Verhandelt wurden sowohl Rohstoffe, wie Metalle oder Steine, aber auch landwirtschaftliche Produkte, Öl, Wein, Getreide – und natürlich spielte auch die Viehzucht eine große Rolle. Im Fall von Ephesos weiß man, dass sogar die Küstenfischerei in den Händen des Artemisions lag, und in den kleinen Schenken der Stadt wurde der heilige Wein der Artemis feilgeboten.

Religiös motivierter Tourismus

Heiligtümer zogen auch Pilger an. Diese kamen in Massen an den Festtagen, aber auch unter dem Jahr waren Heiligtümer ein beliebter Anziehungspunkt für Anhänger der dort verehrten Gottheit. Wallfahrer brauchen allerdings Infrastruktur und Verpflegung – ein großes Wallfahrtszentrum benötigt eine durchdachte Logistik, um den Pilgerbetrieb ordnungsgemäß durchführen zu können. Die Heiligtümer mussten demnach die notwendigen Voraussetzungen schaffen, bauliche Maßnahmen für Gästeunterkünfte, Versammlungsräume und Ähnliches treffen und die Versorgung gewährleisten. Ein antikes Wallfahrtszentrum unterschied sich in diesen Punkten wenig von jenen der Moderne.

Regen Zustroms erfreuten sich auch Orakelheiligtümer, wo im Rahmen feierlicher Zeremonien eine göttliche Instanz in Bezug auf anstehende Entscheidungen befragt wurde. Die Vorhersagungen betrafen den privaten Bereich ebenso wie folgenschwere politische Beschlüsse mit weitreichenden Konsequenzen. Das berühmteste Orakelheiligtum befand sich in Delphi, dem Nabel der antiken Welt. Hier wurde dem Krösus der Verlust seines Reiches vorausgesagt, ohne dass er es richtig gedeutet hätte; hier vertraute Pyrrhus auf einen Orakelspruch und wurde trotz Sieges schwer geschlagen. Sogar sich selbst sagte die Pythia im Jahr 362 n. Chr. eine düstere Zukunft voraus, wenn sie über das Fortleben von Orakelstätten unter christlichen Vorzeichen anmerkte: »*Künde dem König* [Kaiser Julian, Anm. d. Autorin], *das schöngefügte Haus ist gefallen. Phoibos Apollon besitzt keine Zuflucht mehr, der heilige Lorbeer*

ist verwelkt, seine Quellen schweigen für immer, verstummt ist das Murmeln des Wassers.«
Eine besondere Ausprägung sind die Heiligtümer für Asklepios, den griechischen Gott der Heilkunst. Ihnen waren große Sanatorien angeschlossen, bestehend aus Wandelgängen, Behandlungsräumen, Badeanlagen und Ruhesälen, in denen die Patienten ihre Krankheiten auskurieren und den heiligen Schlaf konsumieren konnten. Die berühmtesten Asklepios-Heiligtümer standen in Epidauros, in Pergamon sowie auf Kos. Dem Gott Asklepios wurden auch anatomische Votive, die einzelne Körperteile wie Ohren, Arme und Brüste wiedergaben, geweiht; damit war die Bitte um Heilung oder die Dankbarkeit dafür verbunden.

Der Kaiserkult

Als Kaiserkult bezeichnet man die göttliche Verehrung eines lebenden oder toten Kaisers sowie Kulthandlungen zu seinen Ehren. Dabei handelte es sich weniger um religiös motivierte Rituale, sondern vielmehr um Loyalitätsbekundungen gegenüber dem Herrscherhaus. Städte wetteiferten darum, das Privileg zur Errichtung eines Kaiserkulttempels zu erhalten und die Feierlichkeiten wie Opferhandlungen und Prozessionen abhalten zu dürfen. Dieses Prädikat wurde von den Städten gebührend bejubelt und Münzen erhielten als Titel dafür die Aufschrift »Neokoros«. Bewohner der gesamten Provinz beteiligten sich an der Finanzierung der Kaiserkulttempel und nahmen auch an den Kulthandlungen teil.

Die ausgezeichneten Städte wurden so zu Zentren der Herrscherverehrung und genossen dadurch auch besondere Fürsorge durch das Kaiserhaus. Beispiele für große Kaiserkultareale gibt es in Ephesos, das unter anderem Neokorien für Domitian und für Hadrian erhielt. Am Kaiserkult entzündete sich aber auch die blutige Verfolgung der Christen, da sie das Opfer verweigerten. Es wird daher kein Zufall sein, dass gerade Kaiserkulttempel in der Spätantike gerne bis auf die Fundamente zerstört wurden, um jede Erinnerung an die Verfolgungszeit auszulöschen. In Ephesos ist von beiden Anlagen praktisch nichts erhalten. Die Tempel wurden abgetragen, die Bauteile wiederverwendet und der Rest klein gebrochen und als Bruchsteinmaterial in spätantike Mauern eingesetzt. Sogar Kalköfen ließen sich auf den ehemaligen Kaiserkultarealen nachweisen. Die Areale nutzte man dann anderweitig: Statt des Domitianstempels entstand auf der Terrasse ein reich mit Mosaiken ausgestattetes christliches Gebäude, und südlich an das Temenos des Hadrianstempels wurde die Marienkirche, der prominenteste innerstädtische Sakralbau in Ephesos, erbaut.

Alltägliches Heiliges

Aber es waren nicht nur die Heiligtümer, in denen Kulthandlungen vollzogen wurden. Es war praktisch überall möglich, zu beten und zu opfern: auf öffentlichen Plätzen, an Wegkreuzungen, in den Häusern und über den Gräbern. Altäre waren in den antiken Städten allgegenwärtig und boten Gelegenheit, Bitten auszusprechen und Dank zu sagen. Prozessionen spielten eine große Rolle, sowohl im Temenos des Heiligtums als auch in den Städten und am Land. Man musste also nicht aktiv an einen bestimmten Ort gehen, um einer Kulthandlung beizuwohnen, sondern war von kultischen Aktivitäten umgeben. Diese konnten auch gar nicht übersehen werden, sie waren von Musik und Tanz begleitet und ständig wurde Weihrauch verbrannt. Nicht zuletzt aufgrund der Häufigkeit von Festtagen waren Kulthandlungen etwas Alltägliches und Allgegenwärtiges. Auch dadurch unterscheidet sich das religiöse Leben der Antike von jenem der Moderne, wo der Kult meist in geschlossenen Räumen stattfindet und die Ausübung religiöser Praktiken – zumindest in der westlichen Welt – als Privatsache angesehen wird. Prozessionen sind aus unserem

Stadtbild weitgehend verschwunden und es ist wohl kaum denkbar, dass innerstädtische Hauptstraßen für Fronleichnamsumzüge stundenlang gesperrt werden. Die Prozessionen zogen sich manchmal über mehrere Kilometer und führten von einem ländlichen Heiligtum in eine Stadt und zurück. Das Kultbild wurde gezeigt und an Stationen fanden spezielle Kulthandlungen statt. Musik, Tanz, Gesang und Wein waren integrale Bestandteile dieser religiösen Prozessionen, die manchmal aus dem Ruder liefen. So soll sich beispielsweise Bischof Timotheus von Ephesos erfolglos einem orgiastischen Dionysosumzug in den Weg gestellt und auf diese Weise auch sein Martyrium erlitten haben.

Mysterien und neue Götter

Natürlich gab es auch in der Antike Religionsgemeinschaften, die im Verborgenen existierten. Dazu zählen vor allem die Mysterienreligionen, und über sie weiß man dementsprechend weniger gut Bescheid. Ihre Anhänger mussten Aufnahmekriterien erfüllen, Initiationsriten über sich ergehen lassen und unter der Androhung der Todesstrafe Stillschweigen versprechen. Das berühmteste Mysterienheiligtum der griechisch-römischen Welt befand sich in Eleusis und war den Göttinnen Demeter und Kore geweiht. Mit der Rückkehr der Kore aus der Unterwelt wurde der Frühlingsbeginn gefeiert und die immer wiederkehrende Fruchtbarkeit beschworen. Großen Zulaufs erfreuten sich Mysterienkulte während der römischen Kaiserzeit, vor allem ab dem 2. Jahrhundert n. Chr., viele von ihnen waren orientalischen oder ägyptischen Ursprungs. Verehrt wurden Isis, Sarapis, Attis, Kybele und Mithras, um nur einige wenige zu nennen. Durch die Verschmelzung religiöser Ideen entstanden neue Glaubenssysteme und letztendlich auch ein neues Weltbild, das stark von einer individualistischen Beziehung zwischen Gläubigen und ihrem Gott geprägt war. Heils- und Mysteriengötter übten eine große Anziehungskraft auf die Suchenden aus, sie repräsentierten die Überwindung des Todes durch Auferstehung oder Neugeburt und boten Alternativen zur Beliebigkeit des althergebrachten Götterhimmels.

Sarapis ist wohl einer der schillerndsten dieser Götter. Sein Kult kommt ursprünglich aus Ägypten, aus Alexandria, wird dort im frühen Hellenismus eingerichtet, verbreitet sich aber rasch über den gesamten Mittelmeerraum. Ihm zu Ehren werden Tempel und Altäre errichtet, Inschriften geweiht und Statuen und Büsten des Gottes aufgestellt. Seine Attraktivität erklärt sich aus seinem oikumenischen Charakter, der nicht nur zahlreiche Göttergestalten in sich vereinen konnte, sondern auch als Wundertäter und Krankenheiler persönlich mit dem Hilfe suchenden Individuum kommunizierte. Im Gegensatz zur Einführung des Kultus wurde die Sarapis-Verehrung während der römischen Kaiserzeit nicht staatlich verordnet und politisch inszeniert, die Erfolgsgeschichte geht auf den Wirkungskreis des Gottes selbst zurück. Der Gott erreichte die Menschen persönlich und seine Verehrung findet auch im privaten Ambiente ihren Niederschlag. In Ephesos finden wir in den Wohnhäusern der jüngeren römischen Kaiserzeit zahlreiche kleine Thymiaterien, Weihrauchgefäße, mit der Darstellung des Sarapis für Opferhandlungen zu Ehren des Gottes. Außergewöhnliche staatliche bzw. kaiserliche Fürsorge und Zuwendung erhielt er erst unter Kaiser Caracalla, der sich selbst Philosarapis nannte.

Andere aufstrebende Götter verdankten ihre Verbreitung der Verehrung und gezielten Förderung durch Kaiser. Ein gutes Beispiel dafür ist der Gott Sol Invictus, der Sonnengott, der im Jahr 274 n. Chr. zum Reichsgott ernannt und als solcher auch auf Münzen und in Tempeln verehrt wurde. Die meisten Götter hatten einen regionalen Wirkungsreis. Aus verschiedenen Gründen konnte es jedoch passieren, dass sich die Bedeutung eines Gottes oder einer Göttin veränderte und diese an Einfluss und Macht gewannen. Eine beeindruckende Karriere legte beispielsweise Jupiter Dolichenus, der höchste Gott von Doliche, hin.

Doliche liegt heute in der Südosttürkei, in der Nähe der Stadt Gaziantep. Über Jahrhunderte wurde hier eine regionale

Gottheit verehrt, die darüber hinaus allerdings kaum bekannt war: Jupiter Dolichenus. Alte Darstellungen auf Stelen aus seinem Heimatheiligtum zeigen einen männlichen Gott, der auf einem Stier steht. Er hält Axt und Blitz in den Händen und trägt ein orientalisches Gewand, eine Hörnerkrone und einen langen Zopf. Im 2. Jahrhundert n. Chr. erfährt dieser in seiner Ikonographie fremd anmutende orientalische Gott aus der Provinz Kommagene inmitten kürzester Zeit reichsweite Verehrung. Es besteht kein Zweifel, dass es römische Soldaten waren, die den Kult des Jupiter Dolichenus an der Ostgrenze übernahmen und im Reich verbreiteten. Der Gott hatte auf die Soldaten eine große Anziehungskraft und symbolisierte militärische Stärke und Verteidigungskraft. So eindrucksvoll Macht und Ausstrahlung des Jupiter von Doliche auch gewesen sein mögen, so unattraktiv war jedoch seine äußerliche, unrömische Erscheinung. Sein Abbild musste demnach der Reichssitte angepasst werden – und aus der ursprünglich orientalischen Gottheit wurde ein römischer Soldatengott. Nun steht er zwar weiterhin mit Axt und Blitz auf einem Stier, trägt aber die Kleidung eines römischen Offiziers. Panzer, Tunika und Mantel weisen ihn als solchen aus, die exotische Hörnerkrone wird weggelassen.

Die Verehrung des Jupiter Dolichenus breitete sich bis in die Randgebiete des römischen Reiches aus. Am Donaulimes, im heutigen Ort Mauer an der Url in Niederösterreich, wurde ein Hortfund mit der Statuette des Gottes und zahlreichen Votiven, darunter kleine silberne Palmblätter mit Inschriften, entdeckt. Die Funde, wahrscheinlich einst zu einem Jupiter-Dolichenus-Heiligtum gehörend, sind heute im Kunsthistorischen Museum in Wien ausgestellt.

Volksfrömmigkeit und Aberglaube

Magie, Zauber und Aberglaube spielten in der Antike eine extrem wichtige Rolle. Die Furcht vor Geistern war weit verbreitet. Um sie zu bannen, trug man Übel abwehrende Objekte bei sich, hängte diese über Haustüren auf, sprach aber auch Fluchformeln aus.

Ein beliebter Dämon war Abraxas, eine Mischgestalt aus menschlichem Rumpf, Hahnenkopf und Schlangenfüßen. In den Händen hält er die Attribute Peitsche und Schild. Eigentlich als höchstes Urwesen und Lichtgestalt verehrt, wurden ihm unheimliche magische Kräfte zugesprochen. Sein Abbild wurde zum Schutz gegen negative Kräfte und zur Übelabwehr eingesetzt. Besonders beliebt waren Darstellungen auf kleinen, oft nur einen Zentimeter großen Gemmen, geschnittenen Ringsteinen, die in Kleidungsstücke eingenäht waren und dadurch den Träger beschützen sollten. Abraxas wirkte weit ins Mittelalter und in die Neuzeit nach und findet auch heute noch Verehrer. Als Rabe Abraxas in Otfried Preußlers »Die kleine Hexe« fand das magische Wesen Eingang in die Kinderliteratur des 20. Jahrhunderts und ist daher vielen von uns bekannt.

Ein Ausdruck der Volksfrömmigkeit waren auch die Fluchtafeln, dünne Bleistücke, auf denen Inschriften angebracht waren. Der Adressant dieser Texte versuchte, Handlungen durch göttliche Beihilfe zu beeinflussen, aber auch um Gerechtigkeit wird gefleht. Ausgebreitet liegt die gesamte Palette menschlicher Probleme vor uns, sei es nicht erwiderte Liebe, Neid auf den beruflichen Erfolg eines Konkurrenten oder schlicht und einfach Verwünschungen und die Verfluchung eines anderen. Kann man die Verfluchung eines Diebs oder Mörders noch nachvollziehen, so mutet jene von Reitpferden vor einem Wettkampf schon etwas absurd an. Darüber hinaus gab es Zauberpuppen aus Ton, Wachs, Bein oder Metall, sogenannte Defixionsfigurinen, die Einstichstellen aufweisen, durchbohrt, aber auch gefesselt sein konnten. Fluchtäfelchen und Zauberpuppen wurden in Heiligtümern deponiert, finden sich aber auch in der Erde vergraben, in Höhlen und in Gewässern. Rituell niedergelegt, sollten sie in erster Linie dem eigenen Nutzen dienen, aber wohl auch gezielt anderen schaden.

Judentum und Christentum in der Antike

Archäologisch noch schwerer zu fassen als Geheimreligionen sind verbotene und verfolgte Religionen. Als Anhänger einer solchen Gruppierung war man natürlich darauf bedacht, nichts Materielles zu hinterlassen. Funde aus der Verfolgungszeit gibt es zweifelsohne, jedoch ist etwa mit der offiziellen Akzeptanz des Christentums und seiner Erhebung zur Staatsreligion eine rasante Zunahme zu verzeichnen. Der christliche Glaube kann nun öffentlich gezeigt werden, Kirchen werden errichtet und selbst Alltagsgegenstände mit christlichen Symbolen verziert.

Auch das Judentum in der Diaspora hinterließ während der römischen Kaiserzeit materiell nur geringe Spuren. Betrachten wir wieder einmal Ephesos, eine Großstadt mit einer nicht unbedeutenden jüdischen Gemeinde. Die archäologische Evidenz ist weitgehend negativ. Bislang wurde keine Synagoge gefunden, lediglich zwei Relieffragmente könnten zur Ausstattung eines Tempels gehören. Diese wurden allerdings nicht *in situ* gefunden, und nur einige Grabinschriften überliefern jüdische Namen und Priesterämter. Auf Alltagsgegenständen finden sich jüdische Symbole erst in der Spätantike, so auf Lampen, auf Glasflaschen und auf Schmuckgegenständen. Die jüdische Bevölkerung in Ephesos lebte – betrachtet man die materielle Hinterlassenschaft – weitgehend assimiliert, ihren Glauben pflegte und tradierte sie über das Wort und die Schrift.

Die Institutionalisierung des Christentums in der Spätantike führte auch zu dessen Monumentalisierung. In das Christentum wird nun kräftig investiert, nicht nur von privater, sondern auch von öffentlicher, kaiserlicher Seite. Für die Kirchenbauten werden öffentliche Plätze, Tempel und gemeinnützige Gebäude wie Bäder zur Verfügung gestellt, private Stifter erhoffen sich durch ihre Spende Seelenheil. Das Christentum dringt nun auch in den Alltag ein, es ist eine tiefe christliche Volksfrömmigkeit zu verzeichnen. Alltagsgegenstände mit christlichen Symbolen sind der Regelfall, oft werden Kreuze noch im Nachhinein in das Geschirr, die Mauern oder Steinblöcke eingeritzt. Antike Statuen werden christianisiert, indem man ihnen Kreuze auf die Stirn meißelt. Die Präsenz christlicher Symbole ist so allgegenwärtig, dass hinterfragt werden muss, ob diese tatsächlich immer Sinngehalt hatten oder nicht vielmehr auch dekorativ angebracht wurden.

Die christliche Religion nimmt zunehmend den Alltag in Besitz, Tagesablauf und Jahreskalender richten sich nach christlichen Gebräuchen und Festen, die Prozessionen werden nicht mehr um die paganen Heiligtümer, sondern um die christlichen Kirchen geführt. Das spätantike Stadtbild ist gekennzeichnet von christlichen Sakralbauten, Kirchen und Kapellen, und viele der frühchristlichen Wallfahrtszentren übernehmen Funktionen der antiken Heiligtümer. Über Martyrergräbern entstehen prachtvolle Anlagen mit großer Anziehungskraft, die den antiken Vorbildern um nichts nachstehen. Wirtschaftlich bedeutend, politisch einflussreich, gesellschaftlich bestimmend und mit einem Wahrheitsanspruch ausgestattet, wird die Kirche zu einem bedeutenden Machtfaktor.

Nun ist es an den Anhängern der heidnischen Religionen, ihre Kulte im Verborgenen zu pflegen. Diese verschwinden damit zwar langsam aus dem Blickwinkel der Archäologie, sind aber nichtsdestotrotz weiterhin aktiv. Teile des bereits partiell verfallenen Artemistempels von Ephesos wurden noch im 5. Jahrhundert kultisch verehrt, der Isis-Kult auf der Insel Philae in Oberägypten wurde erst im Jahr 535 eingestellt, und noch in der zweiten Hälfte des 6. Jahrhunderts fand in Kleinasien eine Heidenmission statt, im Zuge derer – glaubt man der schriftlichen Überlieferung – mehrere Zehntausend Menschen wohl nicht freiwillig zum Christentum konvertierten.

7.
Archäologie und Krisen

In einer Zeit lebend, die viele von uns als Krise wahrnehmen, ist es besonders spannend, hier den Vergleich mit der Antike zu haben. Die unter Historikern viel diskutierte »Krise des 3. Jahrhunderts« und die Konsequenzen daraus sollen uns auf den nächsten Seiten als Beispiel dienen. Der Schwerpunkt liegt dabei aber nicht in einer historischen Beschreibung jener Krisenzeit, sondern darauf, wie derartige Krisen – seien sie politischer, wirtschaftlicher, gesellschaftlicher oder religiöser Natur – im archäologischen Befund zu fassen sind und welche Konsequenzen daraus abzuleiten sind. Wie manifestieren sich Krisen eigentlich in der Sachkultur und wie lässt sich Krisenmanagement materiell fassen? Letztendlich sind Krisen immer dynamisch und schon aus diesem Grund reizvolle Forschungsgebiete. Dies trifft auch auf das 3. Jahrhundert zu.

Soldaten werden Kaiser

Die Antike war genau wie jede andere Epoche geprägt von Zeiten des Wachstums, der Prosperität, des allgemeinen Wohlstandes, aber dann auch wiederum von gesellschaftlichen Umbrüchen und Krisenzeiten. Das 3. Jahrhundert n. Chr. eignet sich für eine Fallstudie besonders, da es tatsächlich einschneidende politische, gesellschaftliche und letztendlich auch religiöse Veränderungen einleitete. Die Probleme waren vielschichtig und ineinander verstrickt. Die innenpolitische Situation im Römischen Reich war geprägt vom Übergang vom Erb- bzw. Adoptivkaisertum zum Soldatenkaisertum. Nun zählten nicht mehr Abstammung, familiäre Tradition und das Testament oder der Wille des regierenden Kaisers, sondern soldatische Qualitäten. Zahlreiche Kaiser des 3. Jahrhunderts verdankten ihre Herrschaft den Truppen und hatten sich hochgedient. Das römische Militär wurde zu einem wichtigen Machtfaktor und war maßgeblich beteiligt an der Auswahl des obersten Befehlshabers, des Kaisers. Gleichzeitig stieg allerdings auch die soziale Durchlässigkeit. Grundvoraussetzung für die Machtübernahme – oft infolge von raschen Umstürzen und Usurpationen – war nicht mehr aristokratische Herkunft, sondern ausschließlich militärischer Erfolg und die Unterstützung durch die Soldaten.

Die Kaiser des 3. Jahrhunderts stammten aus unterschiedlichen Provinzen des Römischen Reiches und bisweilen aus den untersten gesellschaftlichen Schichten. Der erste sogenannte Soldatenkaiser, Maximinus Thrax, soll zwar von beachtlicher Größe gewesen sein, aber kein Latein gekonnt haben; und von Philippus Arabs wird erzählt, dass sein Vater ein arabischer Nomadenführer gewesen sei. Die Machtbasis dieser Kaiser bildeten ihre militärischen Erfolge und ihre soldatischen Qualitäten. Der Machterhalt war demnach aber auch von der Zufriedenheit und der Unterstützung der von ihnen befehligten Truppen abhängig. Militärische Niederlagen, das Ausbleiben von Soldzahlungen und Versorgungsengpässe konnten eine rasche Kehrtwende einleiten und zu Aufständen und Umstürzen führen. Die Herrscher waren gezwungen, nicht nur das Römische Reich zu verwalten, sondern auch permanent militärische Erfolge zu feiern. Die Folgen dieses Systems waren ein schneller Wechsel an Regentschaften und eine Heterogenität in der Amtsführung. Jeder Kaiser fühlte sich anderen Gruppen gegenüber verantwortlich und musste seine Gefolgschaft zufriedenstellen. Deutliche Spuren hinterließ auch der unterschiedliche kulturelle Hintergrund – regionale Gottheiten stiegen zu einer reichsweiten Verehrung auf und fremdartige Moden wurden etabliert. Zweifelsohne war das 3. Jahrhundert eine sehr dynamische Zeit, geprägt von massiven Umwälzungen, deren ganze Dimension erst später sichtbar wurde.

Archäologie und Krisen

Die Barbaren kommen

An den Grenzen des Römischen Reiches ging es zu dieser Zeit schon lange nicht mehr um Eroberungen, sondern um die Verteidigung des Territoriums und darum, sich gegen Einfälle von Barbaren zu schützen. Im Norden sind es germanische Verbände, im Osten die Sassaniden, die den Römern schwer zu schaffen machen. In Mitleidenschaft gezogen werden nicht nur die Grenzregionen, manchmal dringen die Barbaren auch bis in das Kerngebiet des Römischen Imperiums ein. In Griechenland hinterlassen beispielsweise die Heruler massive Zerstörungen und zwingen die Bevölkerung, ihre Städte durch Befestigungsmauern zu schützen. Die in historischen Quellen überlieferten Barbareneinfälle müssen sich demnach auch in der materiellen Kultur niederschlagen. Aber welche Kriterien kann die Archäologie für ein solches Szenario entwickeln? Und setzt sie sich dabei nicht den Gefahren des klassischen Zirkelschlusses aus? Die Verknüpfung von Ereignisgeschichte und archäologischem Befund birgt nämlich die Gefahr einer gemischten Argumentationskette und somit voreiliger Schlussfolgerungen. Einfach gesprochen wird eine Brandschicht mit einem historischen Datum in Zusammenhang gesetzt, noch bevor eine eingehende Analyse der archäologischen Evidenz erfolgt. Eine solche Vorgangsweise ist jedoch methodisch abzulehnen. Der Befund – Brandschicht – und das darin gefundene Material muss in einem ersten Schritt mit archäologischen Methoden analysiert und datiert werden. Darauf aufbauend kann, muss allerdings nicht eine Korrelation mit einem historischen Ereignis festgestellt werden. Jeder Einzelfall ist sorgfältig abzuwägen und quellenkritisch zu hinterfragen.

Brandzerstörungen können aber unterschiedlichste Ursachen haben. Die Feuergefahr war in antiken Siedlungen extrem hoch und das Ausbreiten von Feuersbrünsten konnte nur schwer eingedämmt werden. Offenes Feuer war allgegenwärtig: bei Öllampen, in den Küchen, aber auch in den Präfurnien, den Heizvorrichtungen der Bäder. Bei der Bewertung und Interpretation von Brandzerstörungen ist also große Vorsicht geboten. Eine Brandschicht macht noch lange keine kriegerische Handlung und schon gar keinen Barbareneinfall.

Brandspuren und ihre Schlüsse

Anders verhält es sich schon bei Zerstörungshorizonten, also großflächig nachweisbaren, gleichzeitigen Zerstörungen. Dies kann eine Siedlung, eine Stadt oder auch eine ganze Region betreffen. Wie aber lässt sich diese Gleichzeitigkeit feststellen? Auch in diesem Fall ist eine genaue Analyse der Zerstörungsart, des Fundkontexts und des Fundmaterials dringend gefordert. Die Datierungskriterien – bestimmte Gefäßformen, charakteristische Kleinfunde, eine aussagekräftige Münzreihe – müssen vorab genau definiert sein, um dann verglichen werden zu können. Im Fall von plötzlichen Übergriffen ist davon auszugehen, dass die Bevölkerung keine Zeit hatte zu fliehen bzw. systematisch ihre Häuser zu verlassen. Sämtliche Einrichtungsgegenstände befinden sich zum Zeitpunkt der Zerstörung demnach noch an Ort und Stelle. Bei Belagerungen und Verteidigungen ist zudem davon auszugehen, dass sich Waffen und Ausrüstungsgegenstände von Angreifern und Verteidigern in den Zerstörungen wiederfinden. Zahlreiche germanische Pfeilspitzen in einer Brandschicht eines römischen Lagers lassen eine kriegerische Handlung wahrscheinlicher erscheinen. Und sehr eindeutig wird der Befund, wenn sich augenscheinliche Beweise für Kampfhandlungen und Gräueltaten finden: verstreut herumliegende Skelette mit eindeutigen Verletzungen oder systematisch Ermordete.

Aussagekräftig ist auch ein Blick in jene Schichten, die direkt über den Zerstörungen liegen. Wird nach dem Brand sofort wieder aufgebaut und ändert sich auch die materielle Kultur nicht, so ist davon auszugehen, dass dieselben Personen, die vorher hier lebten, für den Wiederaufbau verantwortlich waren. Kehrten die Bewohner nicht mehr zurück und wurde der Siedlungsplatz vollständig verlassen, so müssen dafür Erklärungsmodelle gesucht werden. Handelt es sich dabei nicht nur um ein punktuelles Phänomen, sondern um eine großflächige, etwa eine Stadt oder eine ganze Region betreffende Tendenz, so liegt die Vermutung nahe, dass die Siedlungsplätze wegen eines grundsätzlichen Bedrohungsszenarios systematisch aufgegeben und verlassen wurden. Eindrucksvoll lässt sich dies in den Alpenprovinzen Noricum und Raetien verfolgen, die im 3. und 4. Jahrhundert immer wieder mit feindlichen Übergriffen zu kämpfen hatten.

Wenn die Areale nun zwar weiter bewohnt werden, sich aber die materielle Kultur schlagartig ändert, ist damit ein Bevölkerungswechsel verbunden. Vorsicht ist allemal geboten, da handwerkliche Produkte immer auch Handelsware sein können. Jedoch weisen große Quantitäten von Alltagsware, wie beispielsweise von Vorratsgefäßen und Kochgeschirr, sowie Waffen und Trachtbestandteile auf die Anwesenheit neu hinzugezogener Populationen hin. Plünderungszüge hatten aber nicht immer eine Neubesiedlung zur Folge. Oft zogen sich die Angreifer mit dem Beutegut wieder in ihr angestammtes Siedlungsgebiet zurück und überließen die zerstörten Gegenden ihrem Schicksal.

Schutz und Flucht

Krisenzeiten führten auch zu einer Änderung der Siedlungsgeographie. Betrachtet man beispielsweise den Alpenraum, so siedelten die Menschen noch in der spätkeltischen Latènezeit weitgehend auf Bergrücken, die leicht zu verteidigen waren. Mit der römischen Eroberung, der Etablierung eines Territorialstaats und der Verlegung der Grenze an die Donau veränderte sich die Siedlungsstruktur grundsätzlich. Schutz und Verteidigung spielten keine wesentliche Rolle mehr, die Bedrohungsszenarien waren verschwunden. Die Gründung und der Ausbau großer, meist nicht ummauerter Städte in den Ebenen, stattlicher Villen im ländlichen Hinterland und zahlreicher Dörfer und Straßenstationen folgten anderen Prinzipien. Wichtig waren in erster Linie die Existenz von Ressourcen zum Aufbau einer Infrastruktur und die Verkehrsanbindung, hinzu kamen klimatische und – bei den Villen – landschaftsästhetische Kriterien. Der kaiserzeitliche Mensch orientierte sich bei der Auswahl seines Siedlungsplatzes nicht mehr nach fortifikatorischen Gesichtspunkten.

Treten allerdings Bedrohungsszenarien wieder auf, liegen die Prioritäten nicht mehr in einem ungehinderten und raschen Warenaustausch oder in hoher Lebensqualität, sondern schlicht in der Sicherung von Hab und Gut und im Schutz des eigenen Lebens. Die Archäologie liefert für die Sichtbarmachung dieser Entwicklung wertvolle Beiträge. Man kann beobachten, dass Städte und Villen massiv ummauert werden: In weiterer Folge zieht sich auch die ländliche Bevölkerung dorthin zurück und gibt ihre Siedlungen auf. Die militärischen Lager werden für Frauen und Kinder geöffnet, plötzlich finden wir dort Kämme und Haarnadeln, typische weibliche Gebrauchsgegenstände. In den bergigen Alpenprovinzen werden zudem natürlich geschützte Höhensiedlungen gegründet, in der Nachfolge von Dörfern und Straßenstationen. Dabei machte man sich markante Felsformationen zunutze und errichtete nur dort künstliche Befestigungsabschnitte, wo es notwendig war. Innerhalb der Ummauerungen wurde gesiedelt, im Zentrum stand meist eine Kirche, umgeben von Wohn- und Nutzbauten. Ganz typisch sind auch große freie Flächen innerhalb der Höhensiedlungen. Sie dienten als Platz für das Vieh, das im Ernstfall innerhalb der Mauern getrieben werden konnte.

Diese Entwicklung implizierte, dass Talsiedlungen, kleine Dörfer und die für die Reiseinfrastruktur wichtigen Stationen aufgegeben wurden. Übrig blieben ummauerte Städte und Villen sowie Höhensiedlungen. In manchen Fällen ist auch davon auszugehen, dass Letztere im 3. Jahrhundert ursprünglich als temporäre Anlagen geplant waren, die während der Spätantike allerdings permanent besiedelt wurden.

Die hier zitierten Beispiele machen deutlich, welch wertvollen Beitrag die Archäologie zu Aspekten der Krise des 3. Jahrhunderts leisten kann. Im Zentrum steht dabei das menschliche Handeln – Aktion und Reaktion – und dessen Reflex in der Sachkultur.

Krisenmanagement

Mauerbau und Siedlungsverlagerungen passieren nicht einfach, sie bedürfen der bewussten Entscheidung einer Gruppe, sei es eine Familie, eine dörfliche oder städtische Gemeinschaft oder eine staatliche Institution. Der Bau von soliden Befestigungsmauern ist kostenintensiv und die dafür notwendigen Mittel müssen aufgebracht, eingefordert und sachgerecht verwendet werden. Als öffentliche Bauvorhaben werden sie über Abgaben und Arbeitsleistungen der Bevölkerung realisiert, dies erfordert allerdings eine durchgeplante Organisation. Die Auswahl des neuen Siedlungsplatzes muss sorgfältig abgewogen werden. Ressourcen, vor allem die Verfügbarkeit von Wasser und die Existenz von genügend agrarischen Nutzflächen, sind eine Grundvoraussetzung, aber auch die geordnete Übersiedlung bedarf einer genauen Planung. Daher ist es zweifelsohne gerechtfertigt, hier von Krisenmanagement zu sprechen.

Letztendlich war es auch notwendig, auf die Krise administrativ zu reagieren. Die kaiserzeitliche Provinzverwaltung wurde reformiert, Aufgabengebiete wurden neu definiert, und letztendlich wurde die Führung des Römischen Reiches unter mehreren Kaisern aufgeteilt. Aber auch die Reorganisation der Grenzsicherung ist eine Antwort auf die Krise. Die großen militärischen Einheiten werden aufgelöst und kleinere, zum Teil flexibel einsetzbare Truppenverbände ausgehoben, die rasch auf Brandherde reagieren können. In einem umfassenden Bauprogramm werden die Lager und Kastelle entlang der Grenzen verstärkt und ausgebaut. Davon zeugen noch heute sichtbare Befestigungsbauten, massive Türme und eine flächendeckende Reihe von Kastellen und kleinen Wachtürmen in Sichtweite, um Informationen schnell weitergeben zu können. Die Heeresreformen finden ihren Niederschlag auch in der Ausrüstung der Soldaten. Archäologen, die in diesen militärischen Anlagen graben, finden Reste von Mauern, Türmen, Toren, von befestigten Wällen und Gräben, aber auch von Waffen und Rüstungen. Die Reaktion des Menschen auf die Bedrohung hinterlässt auch in seiner Hinterlassenschaft deutliche Spuren.

Krise und Alltag

Welche Konsequenzen hatte die Krise aber für den Einzelnen, wie änderte sich der Alltag und mit welchen neuen Herausforderungen war der Mensch konfrontiert? Natürlich ist es unmöglich, diese Fragen in ihrer vollständigen Komplexität zu beantworten, denn die Überlieferung ist einfach zu lückenhaft. Eine Folge der periodisch wiederkehrenden Bedrohungen ist eine Militarisierung der Zivilbevölkerung. Die Bewohner von Grenzregionen waren immer häufiger sich selbst überlassen und mussten ihre Siedlungen selbst verteidigen. Dies führte letztendlich auch zu einer Auflösung der strikten Trennung zwischen militärischen Anlagen und Zivilsiedlungen. Die Kastelle wurden für die Bevölkerung geöffnet, Familien siedelten hinter den Schutz bietenden Mauern, trugen aber auch zur Verteidigung bei. Neben den Mannschaftsbaracken stehen Wohngebäude, auf den Freiflächen wird Obst und Gemüse angebaut. Auch das Vieh hält man innerhalb der Mauern, sofern die Lage für eine Weide auf dem offenen Land zu gefährlich ist. Die Kastelle entwickeln sich zu kleinen befestigten Städten, die letztendlich das Siedlungsbild des Mittelalters prägen. Andererseits werden Höhensiedlungen zu militärischen Anlagen ausgebaut und erhalten massive Befestigungsmauern mit Türmen und Toranlagen. Waffen und andere Ausrüstungsteile sowie Trachtgegenstände weisen auf die Anwesenheit von Soldaten hin, darunter auch solche barbarischer Herkunft, sogenannte Foederaten. Sie kamen in Familienverbänden und wurden im Römischen Reich angesiedelt, um die Grenzverteidigung zu verstärken.

Die hier skizzierte Entwicklung zeigt sich im archäologischen Befund durch eine Auflösung der Trennung von Militär- und Zivilarchitektur bzw. deren Verschmelzung, durch die Präsenz zivilen Fundmaterials wie typisch weiblicher Toilettegegenstände oder Schmuck in militärischen Anlagen, aber auch durch das Auftreten fremdartiger, d. h. nichtrömischer Elemente, wie spezieller Waffen und Fibeltypen, die auf eine Zuwanderung von Söldnern oder Foederaten schließen lassen. Findet man zudem Alltagsgegenstände, wie Kochgeschirr, und weibliche Trachtbestandteile, so kann mit großer Wahrscheinlichkeit davon ausgegangen werden, dass Familienverbände angesiedelt wurden. Besonders aussagekräftig sind die Gräber, die meist in unmittelbarer Nähe der Siedlung liegen.

Wanderungen und Fluchtbewegungen sind etwas Vergängliches und daher materiell nur schwer zu fassen. Zweifelsohne nimmt allerdings die Besiedlungsdichte ab dem 3. Jahrhundert n. Chr. in den Grenzregionen kontinuierlich ab – eine Entwicklung, die sich während der Spätantike massiv beschleunigen sollte. Wer fortzog und wo die Menschen ihre neue Heimat fanden, ist meist nur schwer nachzuweisen. Literarische Quellen überliefern, dass die zivile Verwaltung in die Hände der Kirche überging und die Grenzfestungen zwar noch verteidigt wurden, die Verbindung der hier stationierten Einheiten mit den übergeordneten Stabsstellen allerdings immer schlechter wurde und Versorgungsengpässe sowie das Ausbleiben von Soldzahlungen an der Tagesordnung standen. Die Archäologie kann allerdings ganz eindeutig beweisen, dass die Siedlungen in den Grenzregionen weiterhin Bestand hatten. Bauern werden ihre Felder wohl als Letzte aufgegeben haben, zu sehr waren sie vom Besitz von Grund und Boden sowie von ihrer Kenntnis um Bodenbeschaffenheit und Wetter abhängig. Eine

Umsiedlung bedeutete ein großes Risiko, das sie nur im äußersten Notfall eingingen. Für viele war es daher attraktiver, sich neuen Machtverhältnissen anzupassen und sich zu akkulturieren.

Die Krise der Geldwirtschaft

Das 3. Jahrhundert kennzeichnet zudem eine monetäre Krise mit hoher Inflation und Geldentwertung. Dieser Entwicklung versuchten die Kaiser mit zahlreichen Münzreformen entgegenzuwirken und dadurch den Geldwert der Münzen zu garantieren. Das Vertrauen in das Abbild des Herrschers als Gütesiegel war allerdings nicht mehr vorhanden und der bisweilen zügellose Anstieg der Inflation konnte nicht aufgehalten werden. Ältere, wertvollere Münzen wurden gehortet, und um Münzschwund entgegenzuwirken und die Geldversorgung aufrechtzuerhalten, wurden massenweise billige Kupferprägungen in Umlauf gebracht, die die Entwicklung allerdings nur noch verschlimmerten. An die Stelle des silbernen Denars trat der als Doppeldenar geplante Antoninian, eine Kupfermünze in einer dünnen Silberhaut, der rasch seinen Wert einbüßte. Ältere Münzen verschwanden aus dem täglichen Umlauf, sie wurden zurückgehalten und nur im Bedarfsfall aus der Hand gegeben. Das tatsächlich gebrauchte Geld verlor stetig an Wert, bis es nur mehr als Metallstück gehandelt wurde. Vielfach ersetzte der Gütertausch die Geldwirtschaft, da es sich dabei um das solidere und auch seriösere Geschäft handelte. Speziell in den Peripherien des Römischen Reiches ging als direkte Folge der monetären Krise auch der Fernhandel zurück und eine Regionalisierung von Produktion und Vertrieb war zu verzeichnen. Überregionale, über weite Strecken transportierte Güter blieben mehrheitlich aus und wurden – sofern möglich – durch regionale Erzeugnisse ersetzt. Ein schönes Beispiel liefert die Terra Sigillata, das römische Tafelgeschirr: Noch im frühen 3. Jahrhundert funktioniert die

Belieferung aus den großen kaiserzeitlichen Töpfereizentren in Gallien, Nordafrika und Kleinasien. Im weiteren Verlauf des Jahrhunderts ist zum einen zu beobachten, dass die Produktion in Gallien und Kleinasien stark rückläufig ist. Zum anderen erreichen auch die nordafrikanischen Sigillaten periphere Gebiete nur mehr sporadisch. Aufgefangen wird dieser Ausfall durch eine Intensivierung der lokalen Keramikproduktion, die das Tafelgeschirr imitiert.

Stark rückläufig war zudem das private Mäzenatentum und mit ihm Fürsorgeprogramme, etwa nach Erdbebenkatastrophen. Während es in der römischen Kaiserzeit als Pflicht und Tugend angesehen wurde, privates Vermögen in das Gemeinwohl zu investieren und beispielsweise öffentliche Stiftungen damit zu finanzieren, ging diese Praxis während des 3. Jahrhunderts kurzfristig zurück. Die Spätantike kennt Stifterwesen und privates Mäzenatentum dann wieder in großem Ausmaß. Davon profitierte in erster Linie die Kirche, aber auch Hilfsbedürftige, die in den Genuss der christlichen Caritas kamen. Der eigentliche Zweck der Stiftung war jedoch ein anderer: Während die antiken Mäzene ihren weltlichen Status zur Schau stellten, ging es den christlichen Wohltätern um ihr Seelenheil. Beide allerdings wollten sich mit ihren Stiftungen bleibende Denkmäler setzen.

Schlechtes Krisenmanagement in Ephesos

Naturkatastrophen hat es immer und überall gegeben. Besonders nachhaltig wirken sie jedoch, wenn deren Schäden nicht unmittelbar behoben werden. Fehlendes oder zumindest mangelhaftes Krisenmanagement kann in Ephesos während des 3. Jahrhunderts beobachtet werden. Im Zuge einer Erdbebenserie, die um 230 n. Chr. einsetzt und zumindest bis 280 n. Chr. andauert, kommt es immer wieder zu kleineren und größeren Zerstörungen in der Stadt, auf die meist sofort Renovierung und Wiederaufbau folgen. Vielfach handelt es sich allerdings um flüchtige Reparaturen, die Qualität der Handwerksarbeiten nimmt deutlich ab und Schäden werden nicht mehr zu hundert Prozent beseitigt, sondern lediglich überdeckt. Selbst in den reichsten Häusern lebten die Menschen mit deformierten Wänden und Böden. Es reichten wohl auch die finanziellen Möglichkeiten nicht mehr aus, um grundlegende Neubauten in Angriff zu nehmen, vielmehr nutzte man weiterhin die alte, beschädigte Bausubstanz.

Letztendlich setzte ein massives Erdbeben um 270/280 n. Chr. der Stadt so stark zu, dass ganze Viertel in Schutt und Asche liegen gelassen und nicht wieder aufgebaut wurden. Sogar im Stadtzentrum von Ephesos lebte man über Jahrzehnte neben Schutthalden. Eine solche Situation wäre in der frühen und hohen römischen Kaiserzeit undenkbar gewesen. Selbst die städtische Elite war nicht in der Lage, ihre Privathäuser adäquat und ihrem Status gerecht wieder instand zu setzen, an öffentliche Stiftungen und Fürsorgeprogramme war daher nicht zu denken. Darunter litt auch die Infrastruktur der Stadt. Das Hafenbecken wurde über einen längeren Zeitraum nicht mehr sachgerecht gewartet und gereinigt, es verschlammte dadurch. Dies hatte zur Folge, dass nur mehr ein kleiner Ausschnitt des ehemals großen hexagonalen Beckens weiter genutzt werden konnte, während die übrigen Bereiche verlandeten. Diese Entwicklung war nicht mehr rückgängig zu machen und führte letztendlich dazu, dass für die großen Transportschiffe Außenhäfen gebaut werden mussten und die Stadt nur mehr mit kleineren Kähnen erreicht werden konnte.

Der Mensch sucht Alternativen

Gesellschaftliche Umbrüche werden von Menschen verursacht, die sich und ihr Lebensumfeld durch Änderungen zu verbessern versuchen. Wirtschaftskrisen sind daher immer ein Motor für gesellschaftliche und politische Umwälzungen. Mit der Zunahme des Zweifels am vorherrschenden System geht die Suche nach Alternativen einher, traditionelle Gesellschaftsmodelle verlieren an Attraktivität. Zudem waren die Menschen immer stärker auf sich selbst angewiesen, sei es bei der Grenzverteidigung oder der Schadensbereinigung nach Katastrophen. Die Rolle der Gemeinschaft wurde zugunsten des Individuums zurückgedrängt. Die zunehmende Individualisierung der Gesellschaft ist auch an dem Verhältnis zwischen Mensch und Gott ablesbar. Nicht mehr die kollektiv und öffentlich vollzogene Kulthandlung – ein Fest, ein Opfer oder eine Prozession –, sondern die individuelle Beziehung zwischen dem einzelnen Gläubigen und seinem ganz persönlichen Gott definiert die Religiosität.

Besonderer Beliebtheit erfreuten sich Götter mit quasi monotheistischen Tendenzen wie Sol Invictus, aber auch die ägyptischen Heilsgottheiten, wie Isis und Sarapis. Überall im Römischen Reich werden Heiligtümer errichtet, Statuen gestiftet und Weihungen dargebracht. Die Anrufungen von Heilsgottheiten in privatem Ambiente sind als Ausdruck von Volksfrömmigkeit zu verstehen und zeigen nur, wie verinnerlicht die neuen Glaubensvorstellungen bereits waren. Darin kommt eines deutlich zum Ausdruck: Die krisengebeutelte Gesellschaft des 3. Jahrhunderts konnte dem etablierten Götterhimmel und den staatlich verordneten Kulthandlungen zu Ehren der römischen Kaiser immer weniger abgewinnen. Heilsgötter wiederum zeigten einen möglichen Ausweg aus der Krise an, wenn schon nicht für die Allgemeinheit, so doch für das Individuum.

Die Abkehr vom Öffentlichen zeigt sich auch in der Hinwendung zu geschlossenen Kultgemeinschaften. Eine geregelte und reglementierte Aufnahme, Initiationsriten, Kulthandlungen im Verborgenen und genaue Vorschriften bis hin zum Ausschluss gewährleisteten Exklusivität und schufen ein neues Gemeinschaftsgefühl. Mysterienreligionen boomten, Götter wie Mithras erhielten starken Zulauf, und auch die bisweilen orgiastischen Dionysosriten erlebten im 3. Jahrhundert eine letzte große Blütezeit. Die Verehrung orientalischer Gottheiten verbreitete sich rasch im gesamten Reich, wovon zahlreiche ausgegrabene Heiligtümer Zeugnis ablegen.

Christen und Juden wurden dagegen blutig verfolgt, ihnen wurde mitunter die Schuld für die Krise zugeschoben. Unter Kaiser Decius wurden die Verfolgungen staatlich systematisiert, unter dem Vorwand, die Götter in Anbetracht der massiven Bedrohungen an den Grenzen milde zu stimmen. Es erstaunt daher nicht, dass es aus der Verfolgungszeit nur wenige christliche Funde gibt. Die Zeremonien mussten im Verborgenen vonstattengehen, christliche Kulträume verbargen sich in Privathaushalten und lassen sich archäologisch nur durch spezifische Ausstattungsgegenstände von gewöhnlichen Räumen unterschieden. Die erhaltene Sachkultur der frühen Christen beschränkt sich auf Einzelfunde: Schmuckstücke mit christlichen Symbolen, Inschriften mit Kreuzdarstellungen und Anrufungen des einen Gottes in Graffiti. Analog dazu lässt sich auch das antike Judentum in der Diaspora materiell nur schwer nachweisen und man ist meist auf Zufallsfunde angewiesen. Erst mit der Institutionalisierung des Christentums und seiner Erhebung zur Staatsreligion wird der neue Glaube sichtbar und selbst Alltagsgegenstände werden dann mit christlichen Symbolen verziert.

Versteckte Schätze

Geld und Wertgegenstände wurden und werden immer und überall versteckt, sofern man sie nicht an einem sicheren Ort – heute ein Safe, in der Antike oft ein Heiligtum – deponiert. In unruhigen, von Bedrohungsszenarien gekennzeichneten, aber auch wirtschaftlich schwierigen Zeiten wird verstärkt gehortet. Man hütet sich davor, vorschnell sein Vermögen auszugeben und das Familiensilber quasi zu verscherbeln. Gerne lagerte man das Geld in Tontöpfen und Lederbeuteln, oder auch in Korbbehältnissen, die man unter Böden, in Mauerspalten und Nischen verbarg. Wird so ein mit Münzen gefülltes Gefäß gefunden, so ist noch lange nicht bewiesen, dass es sich um einen in Gefahr oder Bedrängnis rasch versteckten

Schatz handelt – es kann auch ganz einfach nur das Ergebnis einer gebräuchlichen Spar- oder Aufbewahrungsart sein. Die gehorteten Münzen konnten dem täglichen Münzumlauf entnommen sein und daher ausschließlich aktuelle Prägungen enthalten, aber auch über einen längeren Zeitraum hinweg zusammengesammelt sein. In diesem Fall enthielten sie auch alte Prägungen, die aufgrund ihres höheren Metallgehalts wertvoller waren. Diese Münzschätze konnten mehrere hunderttausend Stück umfassen und damit einen beträchtlichen Wert haben. Aus welchem Grund auch immer war es dem Besitzer allerdings nicht mehr möglich, sein Vermögen wieder an sich zu nehmen und auszugeben.

Verstecke konnten durch plötzlichen Tod in Vergessenheit geraten oder einfach nicht mehr aufgefunden werden, sie blieben dadurch für die Nachwelt erhalten. Natürlich ist es auch denkbar, dass die Münzen absichtlich verborgen wurden, um sie zu einem späteren Zeitpunkt wieder auszuheben. Größere Geldmengen mit sich zu tragen, war gefährlich, gerade wenn man sich auf der Flucht befand. Es schien daher sicherer, sein Vermögen an geheimen Plätzen zu deponieren und darauf zu hoffen, es bald wieder holen zu können. Dass dies gerade im 3. Jahrhundert n. Chr. für viele eine trügerische Hoffnung gewesen sein muss, zeigen die zahlreich gefundenen Münzschätze.

Von Hortfunden spricht man dagegen, wenn Metallobjekte – meist aus Edel- und Buntmetall, aber auch aus Eisen – zusammengetragen und versteckt aufbewahrt bzw. deponiert wurden. Manche von ihnen beinhalteten auch Münzen, jedoch gibt es viele, die sich ausschließlich aus Geschirr, Schmuck, Waffen, Werkzeugen und Geräten zusammensetzen und mehrere hundert Kilogramm wiegen konnten. Je nach Fundsituation werden sie als Verwahrhort oder auch als Beutegut angesprochen. Bisweilen lassen sich anhand der zahlreichen Hortfunde gerade in den Nordprovinzen die Routen von germanischen Plünderungszügen im 3. Jahrhundert nachvollziehen. Während in den meisten Fällen die Bevölkerung vor den Eindringlingen flüchtete und ihre Wertgegenstände für immer zurückließ, gibt es auch Fundsituationen, die nahelegen, dass die Germanen auf ihrem Rückweg von römischen Truppen überrascht und ihrer Beute wieder beraubt wurden. Häufig wurde auch Altmetall gesammelt, um den verwertbaren Abfall – darunter nicht selten auch Fragmente von Großplastiken – einzuschmelzen und weiterzuverarbeiten. Diese Horte zeichnen sich dadurch aus, dass sie keine wertvollen Objekte und nur kleine Bronzemünzen beinhalteten und daher ausschließlich ihres Metallwerts wegen aufgelesen wurden. Aber auch hier ist natürlich zu fragen, warum es nicht mehr dazu gekommen ist, die Materialien in die Werkstätten zu bringen und daraus neue Gegenstände zu schaffen.

8.
Archäologie und Mobilität

Mobilität, Flexibilität und Kommunikation sind Schlagworte des aktuellen gesellschaftlichen Diskurses, und auch die Archäologie versucht, sich durch historische Fallbeispiele in die Debatte einzubringen. Wie und in welcher Form funktionierte der Personen-, Waren- und Informationsaustausch? Wir dürfen nicht vergessen, dass gerade am Anfang der Menschheitsgeschichte die permanente oder temporäre Mobilität das zentrale Lebensprinzip darstellte. Bis zur Sesshaftwerdung, gerne als neolithische Revolution bezeichnet, und der damit einhergehenden Einführung von Ackerbau und Tierhaltung dominierten die Jäger- und Sammlerkulturen. In (halb-)nomadischen Gesellschaften werden nicht sesshafte Lebensweisen bis zum heutigen Tag tradiert, und selbst in unseren Breiten repräsentiert die bis in die Gegenwart gepflegte Almwirtschaft eine (semi-)mobile Lebensform für Mensch und Tier.

Faszinierend ist, dass bereits vor Jahrtausenden mit verhältnismäßig primitiven Fortbewegungsmitteln ein hohes Maß an Mobilität erreicht werden konnte. Die einfachste Form der Fortbewegung ist, banal gesprochen, das Gehen. Das betrifft den individuellen Gang von einem Ort zum anderen, aber auch Bewegungen, wie sie beispielsweise das römische Heer vollzog. Tausende Kilometer wurden gehend zurückgelegt, um von einem Grenzposten zum nächsten zu gelangen. Der antike Mensch nutzte aber natürlich auch Hilfsmittel zur Fortbewegung. Einerseits waren das verschiedene Last- und Tragtiere, andererseits Wägen in unterschiedlichsten Qualitätsstufen – eine übrigens sehr beschwerliche Form des Reisens – und vor allem Schiffe in jeder Form und Größe.

Reisen zu Wasser und zu Land

Das Reisen in der Antike barg viele Gefahren. Egal ob über Land oder See, zu reisen war anstrengend, da man sich dem Wetter aussetzte und immer unsicher sein musste, ob man das Ziel überhaupt erreichen würde. Besonders beschwerlich waren die Landrouten, wogegen der Seeweg einige Vorteile bot. Flöße, Ruderboote, Segelschiffe etc. stellten in der Antike wichtige, kostengünstige, relativ schnelle und beliebte Fortbewegungsmittel dar. Die Suche nach und die Verhandlung von Rohstoffen waren die maßgeblichen Triebfedern für den Menschen, das Risiko langer und entbehrungsreicher Fahrten auf sich zu nehmen und große Distanzen zu überwinden.

Bereits sehr früh – im 8. Jahrtausend v. Chr. – bildete sich die Hochseeschifffahrt heraus, um wertvolle Materialien wie den Obsidian, ein vulkanisches Gesteinsglas, von seinen Lagerstätten auf der Insel Melos zu den Verbrauchern zu bringen. Glas und Metalle waren andere Rohstoffe, die bereits sehr früh in Barrenform über weite Strecken transportiert wurden. Über Jahrtausende wurden die Erfahrungen weitergegeben, Winde beobachtet, Seerouten beschrieben, Karten gezeichnet und Navigationstechniken entwickelt. Hoch- und Küstenschifffahrt existierten nebeneinander und wurden je nach Reiseroute, Bedarf und Schiffstyp angewendet. Nicht etwa das geringere Gefahrenpotenzial, sondern die Praxis des Küstenhandels, die Kabotage, begünstigte die Küstenschifffahrt. Dabei wurden Waren von einem Hafen zum anderen gebracht, ein- und ausgeladen, übernachtet und die Crew mit Lebensmitteln versorgt.

Ein schönes Beispiel dafür ist das Schiffswrack von Antikythera in Griechenland, in dem sich neben dem Ladegut auch die Habseligkeiten der Mannschaft gefunden haben. Am Koch-, Trink- und Essgeschirr sowie an den Lampen kann man ablesen, dass das Schiff zumindest die Häfen von Pergamon, Ephesos, Knidos und Delos angelaufen hatte, bevor es versunken ist. Im Zuge der Unterwasserarchäologie werden die Gewässer nach Schiffswracks abgesucht, verortet und vermessen sowie die Schiffe und das Ladegut dokumentiert. Antike Schiffswracks sind unschätzbare Quellen für eine Analyse von Wirtschaftssystemen, Handelsbeziehungen und des Transportwesens. Verschifft wurde neben einer Vielzahl von unterschiedlichsten landwirtschaftlichen Produkten wie Getreide, Öl, Wein und Fischen auch verschiedenste Rohstoffe und Halbfabrikate sowie Fertigprodukte wie Tafelgeschirr, Ziegel, aber auch Mahlsteine, um nur einige wenige zu nennen. Unterschätzt werden darf allerdings auch auf keinen Fall der Transport auf den Flüssen. Dazu zählen die großen Gewässer wie Nil, Rhône, Rhein, Po und Donau ebenso wie kleinere Nebenflüsse, die für den Regionalverkehr extrem wichtig waren. Der Nil als Lebensader Ägyptens garantierte durch seine periodische Überschwemmung nicht nur die Fruchtbarkeit des Landes, sondern war der wichtigste Verkehrsweg zwischen dem Mittelmeer und Innerafrika. Entlang des Flusses wurden Flusshäfen gegründet, aus denen Hafenstädte hervorgingen. Verkehrstechnisch hervorragend gelegen war beispielsweise das oberägyptische Koptos, von wo aus eine besonders kurze Überlandverbindung das Niltal mit dem Roten Meer verband. Hier wurden der Karawanenhandel abgewickelt, die Zölle eingehoben und Waren und Menschen verladen. Das noch südlicher am ersten Katarakt gelegene Syene, das heutige Assuan, war die Endstation für die Transportschiffe. Hier musste man endgültig auf den Landtransport umsteigen, wollte man weiter nach Afrika vordringen. Umgekehrt wurden in Syene Luxuswaren aus Afrika, wie das Elfenbein, Gold oder exotische Tiere, auf die Schiffe verladen und in die Mittelmeerregionen gebracht.

Diese Vorliebe für den Schiffsverkehr – sowohl für den Transport von Personen als auch von Gütern – führte letztlich dazu, dass Hafenstädte eine zunehmende Bedeutung als Handelsdrehscheiben erlangten. Dort wurden die Waren umgeladen und dann entweder über den Landweg oder über die Flüsse weiter in das Landesinnere transportiert. Hafenstädte fungierten als Verwaltungssitze, um den gesamten Handel und die damit verbundene Logistik zu kontrollieren und abzuwickeln. Lagerräume wurden errichtet, um Güter zwischenlagern zu können. Zollstationen hatten die Aufgabe, Zölle und

Steuern einzuheben. Häufig kamen römische Hafenstädte wie Ostia, Aquileia, Karthago, Antiochia am Orontes, Alexandria oder Ephesos zu großem Reichtum, was sich auch in deren prachtvollem Ausbau widerspiegelte.

Die Bedeutung der Mobilität über den Seeweg kann nicht hoch genug eingeschätzt werden. Handelsbeziehungen bis nach Indien sind belegt. Die genaue Kenntnis der Monsunwinde erlaubte es, ab hellenistischer Zeit von Hafenstädten am Roten Meer aus Indien relativ problemlos anzusegeln. In der Kaiserzeit bestanden Vertretungen römischer Händler in den Handelsstützpunkten in Westindien, um den Warenaustausch vor Ort zu regeln und die Versorgung des Reiches mit indischen Gewürzen, speziell dem Pfeffer, zu gewährleisten. Es gibt allerdings auch Hinweise darauf, dass direkte Wirtschaftskontakte bis nach China, in das fernöstliche Asien und in den hohen Norden bestanden. Es wurden keine Mühen gescheut, um auch ferne Länder zu erreichen und Luxusgüter in das Römische Reich zu verfrachten. So bemühte man sich etwa um Elfenbein aus Innerafrika, um Pfeffer aus Indien und um Bernstein aus Nordeuropa. Die Seidenstraße, die China mit dem Mittelmeerraum verband, ist die wohl bekannteste derartige Verkehrsroute.

Vor allem während der Zeit des Römischen Reiches wurde konsequent am Straßensystem und an begleitenden infrastrukturellen Maßnahmen gearbeitet. Einerseits hatte dies militärische Beweggründe – Truppen sollten möglichst rasch verschoben werden –, andererseits ging es um wirtschaftliche Interessen: Güter und Waren sollten weitgehend ungehindert, kostengünstig und rasch transportiert werden. Große Fernstraßen, die Bevölkerungszentren über Nord-Süd- und Ost-West-Achsen miteinander verbanden, wurden dafür gebaut. Die Via Augusta beispielsweise führte von Italien nach Germanien, an den germanischen Limes, die Bernsteinstraße verband das Römische Reich mit dem Baltikum, und die Via Egnatia stellte eine Verbindung nach Griechenland und in den Osten her. Parallel ging es aber auch um den Aufbau und die Wartung eines regionalen und innerstädtischen Verkehrsnetzes. Das war in erster Linie Aufgabe der Städte.

Das Straßensystem war über weite Strecken gepflastert. Dafür wurde regional vorhandenes Steinmaterial, darunter auch Marmor, verwendet oder die Straßen wurden durch Felsebnungen befahrbar gemacht. Seitliche Rinnen mit Kanälen und eine leicht konvexe Bauweise der Straßen dienten dazu, das Wasser abfließen zu lassen. Oft verfügten solche Straßen zur Stabilisierung über einen hölzernen Unterbau, auf den der Steinbelag aufgesetzt wurde. Das ließ sich beispielsweise bei Grabungen an der Via Augusta sowohl in Tirol als auch in Bayern nachweisen. In den römischen Straßenbau wurde viel investiert, die Straßen waren robust und stabil gebaut und ermöglichten dadurch den Wagenverkehr. Wer heute in römischer Tradition von einem Ort zum anderen reisen möchte, dem sei das Orbis-Projekt der Stanford University (http://orbis.stanford.edu) empfohlen: Einfach Ausgangspunkt und Zielort, bevorzugte Reiseart sowie gewünschte Reisegeschwindigkeit eingeben und sofort wird die beste Route berechnet!

Die Reise-Infrastruktur

Doch mit Straßenbau alleine war es nicht getan. Der Personen- und Güterverkehr brauchte auch infrastrukturelle Einrichtungen. Reisende mussten die Möglichkeit haben, Herberge zu finden sowie Essen für sich und Futter für ihre Tiere zu erwerben. An den Reisestationen (*mansiones*), die in regelmäßigen Abständen entlang der römischen Straßen errichtet wurden, gab es beides zu erstehen, meist auch mit der Möglichkeit zu übernachten. Sein Lasttier konnte man an eigenen Pferde- oder Maultiertauschstationen, den sogenannten *mutationes*, wechseln. Mit der Zeit entwickelten sich die Stationen weiter, es entstanden kleine Dörfer. Es gab beispielsweise Kulträume und Handwerkseinrichtungen. Und schließlich kamen auch Polizeieinheiten hinzu, die als ordnende Instanzen für die Sicherheit der Straßen sorgten. Die vom Staat garantierte Qualität der Versorgungsstruktur und die zunehmende Sicherheit, dass Personen und Güter ihr Reiseziel erreichen würden, waren maßgeblich verantwortlich für die Intensivierung des Güteraustausches und die Entwicklung des freien Handels über große Distanzen.

Die Reiseziele schließlich, die Städte, boten einen Komfort, der den Reisenden unterwegs versagt blieb. Dazu gehörten etwa hygienische Einrichtungen wie Bäder und Thermen, die sehr häufig an den Einfallsstraßen in der Nähe der Stadt lagen und den Ankommenden die Möglichkeit boten, sich vor Eintritt in die Stadt gründlich zu reinigen und von den Strapazen der langen, holprigen Reise zu erholen. Gleichzeitig sicherten sich die Städte dadurch auch ab, um den Hygienestandard innerhalb der Stadt hoch zu halten und so der Einschleppung von Ungeziefer oder der Ausbreitung von ansteckenden Krankheiten entgegenzuwirken.

Neben den Überlandstraßen, die reichlich Infrastruktur vorweisen konnten und so angelegt waren, dass sie mit Wägen befahrbar waren und über sie große Lasten transportiert werden konnten, gab es noch das regionale Straßennetz. Dieses ermöglichte auch Bergüberquerungen. Mit Saumpfaden, die schon seit der Urgeschichte genutzt und in der römischen Zeit ausgebaut wurden, ließ sich auch der alpine Raum erschließen. Auf diese Weise wurden etwa Rohstoffquellen zugänglich und die Menschen konnten von einem Tal zum nächsten gelangen. Dafür wurden am Beginn der Saumpfade die zuvor auf Wägen transportierten Güter auf Saumtiere umgeladen und so über die Berge getragen. Diese Alpenüberquerungen, deren Tradition meist bis weit in die Prähistorie zurückverfolgt werden kann, sind aus unterschiedlichen Gegenden bekannt, vor allem auch aus Österreich.

Ein Kernelement der Bergüberquerungen bzw. für die Mobilitätsfrage im Allgemeinen stellte das Wetter dar. Der Mensch der Antike war dem Wetter – gerade bei Reisen – sehr viel stärker ausgesetzt als wir heute. Früher gab es nicht nur weniger Schutzmöglichkeiten, sondern auch keine genauen Wettervorhersagen. Daher musste sich der Reisende einerseits auf den Erfahrungswert der Einheimischen verlassen, andererseits ein gewisses Risiko eingehen. Das unberechenbare Wetter verlieh den Bergen etwas Übermächtiges, etwas Gefährliches. In der stark mystisch geprägten und abergläubischen Zeit der Antike sah man den Berg oft als Sitz der Wettergötter an. Daher war es nur logisch, die Reisetätigkeit in Opferhandlungen einzubetten. So erbat man sich vor dem Aufbruch göttlichen Beistand und dankte – endlich am Ziel angekommen – für den glücklichen Verlauf. Aber auch während der beschwerlichen Wanderung kamen die Götter zu ihrem Recht und die Menschen ihrer Pflicht nach. So finden sich entlang von Saumpfaden, verstärkt jedoch bei Bergübergängen und Sätteln Wegeheiligtümer, in denen die Reisenden Weihegaben deponierten. Waren dies in der Urgeschichte meist Votive, so ging man in der römischen Kaiserzeit dazu über, Münzen zu spenden. Diese heidnisch anmutende Weihepraxis behielt man auch nach der Christianisierung bei, wie zahlreiche spätantike Münzen in alpinen Bergheiligtümern belegen.

Mobilität und Militär

Wer von Mobilität in der Antike spricht, darf natürlich nicht auf die militärischen Aspekte vergessen. Jeder kennt die Feldzüge Alexanders des Großen bis nach Indien sowie die abenteuerliche Alpenüberquerung Hannibals mit seinen Elefanten. Soldaten wurden von einem militärischen Stützpunkt zum nächsten versetzt. Sie legten Tausende Kilometer zu Fuß, auf dem Pferd und teilweise auch per Schiff zurück. Wenn die Soldaten längere Zeit an einem Ort stationiert waren, nahmen sie kulturell autochthone, d. h. lokale Elemente an und verbreiteten diese bei der nächsten Versetzung in eine andere Region. Die militärische Mobilität trug somit ganz wesentlich zu einem Kultur- und Technologietransfer bei.

Dafür gibt es zahlreiche Beispiele: Das römische Militär war etwa maßgeblich daran beteiligt, dass sich unterschiedlichste Kulte im Römischen Reich verbreiten konnten. Wie ich schon im Kapitel »Archäologie und Religion« dargestellt habe, waren es Soldaten, die etwa den Mithras-Kult oder den Jupiter-

Dolichenus-Kult aufgriffen und durch Truppenverlegungen an andere Orte im Reich brachten. Auch bei der Ausbreitung des Christentums spielten die römischen Soldaten eine nicht unerhebliche Rolle. In den Anfangszeiten gab es immer wieder christliche Soldaten im römischen Heer, die ihre Glaubensvorstellungen an die unterschiedlichsten Orte des Römischen Reiches weitertrugen.

Soldaten verbreiteten aber auch Gebräuche und Sitten sowie Technologien. Die im Tross mitreisenden Köche brachten römische Kochsitten in Grenzregionen. Davon zeugen beispielsweise Mortaria, also Schüsseln, die dem Verreiben von Gewürzen und Kräutern dienten und ein charakteristisches Element der römischen Küche darstellten. Sie verbreiten sich mit der Präsenz des römischen Militärs auch in Mitteleuropa, wo sie davor völlig unbekannt waren. Es dauert nicht lange und man findet sie auch in zivilen Siedlungen – römische Kochsitten wurden demnach auch von der Lokalbevölkerung angenommen. Im Gefolge römischer Heere zogen aber auch Handwerker und Händler durch das Land. Verarbeitungs- und Herstellungstechniken wurden dadurch transferiert und sowohl Innovationen als auch Moden konnten sich rasch über weite Gebiete verbreiten.

Die Mobilität des römischen Heeres konnte aber auch verheerende Wirkung entfalten, wie sich am Beispiel der Pest, die unter Marcus Aurelius im 2. Jahrhundert n. Chr. wütete, eindrücklich zeigen lässt. Die zweite italische Legion (*Legio II Italica*) wurde von der Ostgrenze des Römischen Reiches, wo die Pest ausgebrochen war, an den norischen Limes nach Lauriacum, die heutige Stadt Enns in Oberösterreich, abkommandiert. Per Schiff ging es von der kleinasiatischen Küste nach Brindisi in Süditalien, dann weiter an Land quer durch Italien nach Norden, über die Alpen bis nach Lauriacum. Der Zug der Soldaten schlug eine Schneise der Verwüstung. Die Truppen trugen maßgeblich dazu bei, dass sich die Seuche im Römischen Reich massiv ausbreiten konnte und die römische Bevölkerung in jenen Gebieten, die besonders stark betroffen waren, massiv dezimiert wurde. Ein jüngst freigelegtes Massengrab in Rom kann aufgrund anthropologischer Analysen eindeutig mit dieser Pestepidemie in Verbindung gebracht werden. Auch das ist ein spannendes, wenn auch dramatisches Beispiel für die Mobilität in der Antike.

Motive für Mobilität

Sowohl die Beweggründe, den angestammten Lebensmittelpunkt zu verlassen, als auch die Planung und praktische Durchführung solcher folgenschweren Aktionen sind nicht monokausal zu erklären. Die organisierten Auswanderungswellen während der griechischen Kolonisation gehen in erster Linie auf demographische, wirtschaftliche sowie geopolitische Gründe zurück. Als sich im Frühmittelalter ganze Bevölkerungsgruppen in Bewegung setzten und die sogenannte Völkerwanderung auslösten, waren dafür ebenso wirtschaftliche Motive ausschlaggebend. Hunger und Perspektivlosigkeit sind seit jeher maßgebliche Faktoren für den Menschen, den gewohnten, mit Traditionen und Erinnerungen verbundenen Lebensraum aufzugeben und die kaum einschätzbaren Risiken einer Ortsveränderung auf sich zu nehmen. Des Weiteren war die Suche nach Rohstoffen von alters her ein entscheidender Grund für Wanderungsbewegungen. Mobilität war schon immer ein maßgebliches Kriterium für zivilisatorische Veränderungen und gesellschaftliche Umbrüche.

Die Suche nach Rohstoffen, aber auch nach neuen Absatzmärkten begründete auch den Transfer von Technologien. Das Wandern spezifischer Gesellschaftsgruppen, insbesondere der Handwerker, spielte dabei eine entscheidende Rolle. Mit im Reisegepäck hatten die Handwerker ihr Know-how und die notwendigen Geräte, die sie von einem Ort zum anderen transferierten. Qualifizierte Handwerker waren hoch geschätzt, mussten ihren Arbeitgebern Verschwiegenheit schwören, wurden abgeworben und durch Bürgerrechtsverleihungen an Städte gebunden, aber auch als Sklaven gefangen genommen, um sich ihrer Fähigkeiten zu bedienen.

Ein gutes Beispiel, das dies veranschaulicht, ist die Produktion der Terra Sigillata, der römischen Glanztonware, die in der frühen römischen Kaiserzeit in Italien eine Hochblüte erreichte. Von hier aus schickten viele Töpfereibetreiber und Sigillata-Produzenten ihre Handwerker mit dem in Italien erworbenen Know-how in die Provinzen, um dort Filialbetriebe zu eröffnen. Gründe dafür waren einerseits hervorragende Rohstoffe, andererseits neue Absatzmärkte. Einer der bekanntesten Produzenten ist Gaius Sentius, der seine Handwerker sowohl nach Südfrankreich als auch nach Kleinasien entsandte. Direkt bei den Rohstoffquellen entwickelten sich große Töpfereimanufakturen, die Tafelgeschirr nach italischem Vorbild in Form, Dekor und Technik herstellten. Reißenden Absatz fanden diese Gefäße nicht nur in den Städten nahe den Produktionsorten, sondern auch weit darüber hinaus. Manche von ihnen wurden wahre Exportschlager! Für die neu erschlossenen Märkte bedeutete die Einführung des Geschirrs nach italischem Geschmack allerdings auch einen Bruch mit langjährigen Traditionen. Während beispielsweise in Kleinasien noch im frühen 1. Jahrhundert n. Chr. griechische Tischsitten gepflogen wurden, änderte sich dies unter dem Einfluss der Sigillata-Filialbetriebe schlagartig. Nun aß man auch im griechischen Osten römischen Gebräuchen entsprechend.

Doch es waren nicht nur Gruppen unterwegs. Auch Einzelpersonen, Individuen gingen auf Reisen und konnten so zu einem Informationsaustausch beitragen. Darunter fanden sich Abenteurer und Reiseschriftsteller, oder Magistrate und Beamte, die gewisse Positionen in der Staatsverwaltung innehatten und an einen anderen Ort versetzt wurden.

Kommunikation über große Distanzen

Heutzutage ist es so gut wie unvorstellbar, ohne Kommunikationsmittel zu leben. Kommunikation muss jederzeit, schnell und in den unterschiedlichsten Formen möglich sein. Doch wie gestaltete sie sich in der Antike? – Ein Beispiel: In Rom wird ein neuer Kaiser ausgerufen. Wie teilt sich dieser neue Herrscher mit? Wie kann er möglichst schnell seinen Namen und sein Gesicht in seinem riesigen Reich verbreiten? Ohne Kameras, die sein tatsächliches Abbild ins Fernsehen übertragen hätten, war es dem Herrschenden möglich, selbst kreativ einzugreifen und – nach seinen eigenen Vorstellungen – das gewünschte Bildnis von sich zu gestalten. Um das Bild des Herrschers im Reich zu verbreiten, wurden Porträts angefertigt, die auf die Darstellungswünsche des Herrschers oder des Herrscherhauses Rücksicht nahmen. Diese offiziellen Porträts dienten als Vorlagen für die Erstellung von Kopien, die wiederum Vorlagen für weitere Kopien waren. Überall im Reich, selbst in entlegenen Provinzen, wurden Kopien hergestellt, manchmal vorlagengetreu, manchmal mit regionalen Stilmitteln versetzt. Auf diese Weise konnte sich das Bildnis des Herrschers rasch verbreiten und die Bevölkerung verband mit seinem Namen auch ein Gesicht.

Ein anderes bedeutendes Kommunikationsmittel der römischen Antike und ein wichtiges Massenmedium, um den Namen des Kaisers, sein Porträt und Nachrichten zu verbreiten, stellte die Münze dar. Der Kaiser garantierte mit seinem Namen und seinem Gesicht den Wert und die Echtheit des geprägten Metallstücks, auch wenn der Materialwert oft weit darunter lag. In diesem Fall spricht man von Geldwirtschaft, im Gegensatz zur Naturalwirtschaft, in der Tauschhandel vorherrscht.

Das Porträt des Kaisers – manchmal auch jenes seiner Gattin – sowie sein Name und seine Titulatur waren auf der Vorderseite der Münze zu sehen. Gerade die in Massen im Umlauf befindlichen Kupferprägungen von meist geringem Wert halfen dabei, das Bild des Kaisers zu verbreiten. Innerhalb kürzester Zeit nach dem Regierungsantritt war der Kaiser bereits im gesamten Imperium bekannt. Die Rückseiten der Münzen wurden häufig zur Kommunikation politischer Botschaften verwendet. Dabei nahm man auf konkrete Ereignisse wie Siege, Eroberungen und Thronjubiläen Bezug oder vermittelte die Tugenden des Kaisers, etwa seinen Mut, seine Durchsetzungskraft oder sein Verantwortungsbewusstsein. Mit der antiken Münze konnten massenhaft und schnell kurze Text- und Bildbotschaften verbreitet werden – eine Funktion, die heute die »Memes« im Internet übernommen haben.

Bilder als Medium

Vor allem die visuelle Kommunikation, die Verständigung über aussagekräftige Bilder, spielte in der Antike eine gewichtige Rolle. Während beim Geschriebenen Aspekte der Archivierung und Beständigkeit zentral waren, diente das Bild als tägliches Massenkommunikationsmittel. Damit Bilder überhaupt als ein solches Medium eingesetzt werden konnten – etwa um politische, gesellschaftliche, religiöse, aber auch private Botschaften zu vermitteln –, mussten sie so eindeutig wie möglich sein, um auch richtig verstanden zu werden. Dazu war einerseits eine Interaktion zwischen Auftraggeber und Künstler, andererseits zwischen dem Bildmedium und den Bildkonsumenten notwendig.

So wurden über Bildprogramme politische Botschaften transportiert, wie beispielsweise auf der Trajanssäule in Rom. Grabdenkmäler dienten unter anderem der Selbstdarstellung, aber auch der Selbstwahrnehmung der Auftraggeber. Sie waren nicht nur für Betrachter geschaffen, sondern auch für die Ewigkeit gemacht und sind Komponenten einer Erinnerungskultur. Monumentalisierung war eine Ausdrucksform der Macht und wurde als solche auch in Bildern und der Baukunst umgesetzt. Imposante Beispiele für eine verschränkte Kommunikationskultur sind die Gräber der ägyptischen Dynasten. In ihnen vereinen sich Monumentalität, Bild- und Textprogramme zu einer Form der Erinnerungskultur der Mächtigen, die auch über den Tod hinaus deren Status bekräftigt und ihn den Betrachtern in beeindruckender, unmissverständlicher Art und Weise mitteilt.

Bilder waren aber auch im täglichen Leben allgegenwärtig. Sie finden sich auf Keramikgefäßen ebenso wie auf Wandmalereien, Mosaiken oder in der Kleinkunst, aber auch in der Monumentalarchitektur. Der antike Mensch war von Bildern umgeben und hat mit ihnen gelebt und aus ihnen gelesen. Die Auseinandersetzung mit diesen Bildern ist daher ebenso ein wichtiger Schlüssel, um die Welt der Antike zu verstehen.

Die organisierte Ansiedlung von Menschen

In der Antike kam es natürlich auch zu organisierten Gründungen von Städten und der Ansiedlung von Menschen. Ein prominentes Beispiel dafür ist die Etablierung griechischer Stadtstaaten in Gebieten, die nicht Teil des griechischen Kernlandes waren. Auf diese Weise wurde in unterschiedlichsten Regionen, vor allem aber am Mittelmeer – etwa in Unteritalien, auf Sizilien oder in Ägypten – das städtische Leben nach griechischem Vorbild etabliert. Mit den Worten des Geschichtsschreibers Herodot lässt sich diese Gründung von Kolonien am besten beschreiben: Die Griechen hocken rund ums Mittelmeer wie die Frösche um den Teich.

Eine weitere Form der organisierten Ansiedlung waren die Veteranenkolonien. Im Zuge von Eroberungen erhielten ausgediente Soldaten Ländereien und wurden in Regionen angesiedelt, in denen vorher weder Griechen noch Römer gelebt hatten. Ein plakatives Beispiel für die Folgen einer solchen Ansiedlungspolitik liefert Ägypten. Mit der Eroberung durch die Makedonen unter Alexander dem Großen wurden viele Griechen in Ägypten heimisch. Es gab zwar zuvor schon einige griechische Städte an der Mittelmeerküste, wie etwa Naukratis, diese funktionierten jedoch im Sinne griechischer Stadtstaaten und dienten in erster Linie Handelszwecken. Nun kamen aber neue Veteranensiedlungen – vor allem im Fayum – hinzu, und in weiterer Folge übersiedelten auch die Familien und Angehörigen vom griechischen Kerngebiet nach Ägypten. Die Griechen brachten ihre

Kultur mit, und das führte beispielsweise dazu, dass in Ägypten mit dem Weinbau begonnen wurde. Belege zeugen davon, dass es in Ägypten zuvor keine große Weintradition gegeben hatte; die pharaonischen Ägypter waren in erster Linie Biertrinker. Plötzlich wurden spezielle Weinsorten und Reben importiert, Weingärten und Weinkulturen angelegt. Denn die Versorgung der griechischen Siedler mit den ihnen bekannten und von ihnen geschätzten Produkten sollte gewährleistet werden. Für die Weinabfüllung und den Transport wird im Ägypten des späten 4. Jahrhunderts v. Chr. außerdem mit der Produktion von Weinamphoren nach griechischem Vorbild begonnen. Davor gab es freilich auch schon Importamphoren; die Ägypter selbst und die ansässigen Griechen importierten Weine aus dem Ägäis-Raum, vom griechischen Festland, aus Kleinasien, Zypern oder der Levante. Nun tauchten jedoch Amphoren auf, die so aussahen wie griechische, aber aus einem ägyptischen Ton, dem Nilschlammton, hergestellt waren. Die Eigenproduktion in Ägypten war so groß geworden, dass nicht jeder nur mehr für sich selbst produzierte. Der Wein zirkulierte nun auch großräumiger innerhalb Ägyptens – mithilfe der neu hergestellten Weinamphoren. Ägypten wurde schließlich für seine Weinproduktion immer bekannter, und in der Spätantike finden sich die griechisch inspirierten Weinamphoren Ägyptens bereits andernorts im Mittelmeerraum. Der ägyptische Wein wurde zum Exportgut.

Dieses Beispiel verdeutlicht, wie Elemente aus fremden Kulturen übernommen und in die eigene Kultur integriert werden. Die zugezogenen Griechen initiierten den Weinbau, der in weiterer Folge auch von der einheimischen, lokalen Bevölkerung aufgegriffen wurde. Ein Paradebeispiel der Akkulturation.

Die Ägypter übernahmen auch zusehends Koch- und Speisesitten der Griechen. Vor dem 3. Jahrhundert v. Chr. erreichten nur wenige griechische Erzeugnisse, wie die Kantharoi, Trinkgefäße, oder Lekythoi, Salbgefäße, das Hinterland Ägyptens. Plötzlich begann nun aber auch die lokale ägyptische Keramikproduktion, Teller, Schalen und Krüge nach griechischem Vorbild herzustellen. Das Tafelgeschirr reflektiert griechische Tischsitten und ist ein untrüglicher Beweis dafür, dass die Ägypter tatsächlich ihre Tafelgewohnheiten veränderten und sich den mediterranen Gewohnheiten anpassten. Damit einhergehend veränderten sich notwendigerweise auch die Kochsitten, und selbst die Töpfe folgten nun einer griechischen Form, die das Garen über heißer Glut optimiert hatte. Man spricht gerne von einer hellenistischen Koinē, einer überregionalen kulturellen Einheit, die auch entlegenste Regionen erreichte. In Ägypten erstaunt dies ganz besonders, da das Land durch eine starke autochthone Tradition geprägt war und gegenüber fremdem Kulturgut weitgehend persistent blieb. Letztlich fußt dieser kulturelle Anpassungsprozess darauf, dass Menschen mobil geworden waren bzw. dass Bewegung durch das Territorialreich nicht nur wesentlich erleichtert, sondern auch gefördert und angeordnet wurde.

Wandern Völker?

Besonders reizvoll ist die Analyse von Mobilität während jener Epoche, die gerne als Völkerwanderungszeit bezeichnet wird. Auch wenn sich das Bild der plündernden und mordenden, das Römische Reich verwüstenden Barbaren in den letzten Jahrzehnten dramatisch verändert hat und heute ein differenziertes Bild einer langsamen Infiltration, organisierten Ansiedlungspolitik, von kriegerischen Einfällen und Usurpationen gezeichnet wird, so bleibt der Mobilitätsfaktor die entscheidende Triebfeder dieser Entwicklungen. Menschen waren bereit – aus welchen Gründen auch immer –, ihre Heimat aufzugeben und in einer fremden Umgebung ihr Glück zu versuchen. Diese Entscheidung ist umso weitreichender, wenn man in Betracht zieht, dass ein Großteil der Menschen in der Landwirtschaft tätig und somit auf das Wissen um regionales Anbaugut, Bodenbeschaffenheit und Wetterverhältnisse angewiesen war.

Zwei Aspekte gilt es zu beachten: Einerseits gab es eine sukzessive Infiltration durch germanische, aber auch andere sogenannte barbarische Gruppen, in den meisten Fällen polyethnischer Zusammensetzung. Diese wurden mit ihren Familien auf Reichsgebiet, meist auf Basis offizieller Verträge, sogenannter Foederatenverträge, angesiedelt und sollten die Grenzverteidigung garantieren. Andererseits fanden sich im römischen Heer schon immer, verstärkt aber in der Spätantike Soldaten barbarischer Herkunft, die als Söldner ihren Dienst leisteten und bisweilen atemberaubende Karrieren vorzeigen konnten. So gehörten einige sehr einflussreiche Heerführer germanischer Abstammung zum römischen Establishment, auch wenn man sich in Senatorenkreisen gerne über ihre Herkunft und über ihr zuweilen fremd anmutendes Aussehen mokierte. Der antike Mensch grenzte sich nicht durch seine nationale Herkunft ab, wie dies heute üblich ist. Unterschieden wurde zwar zwischen Römern und Barbaren, jedoch in kultureller und vor allem in zivilisatorischer Hinsicht. Zudem erfolgte eine religiöse Abgrenzung, die in der Spätantike in der Auseinandersetzung zwischen Heiden und Christen gipfelte. Aber auch innerhalb der christlichen Religion existierten zahlreiche unterschiedliche Gruppierungen, die sich nicht nur in theologischen Diskursen maßen, sondern bisweilen brutal bekämpften. Viele der germanischen Stämme waren Arianer, was ihre Abgrenzung gegenüber den mehrheitlich orthodoxen Römern weiter verstärkte. Da in zahlreichen Orten der Nordprovinzen und Italiens jeweils zwei Kirchen erbaut wurden – eine für die orthodoxen und eine für die arianischen Christen –, ist davon auszugehen, dass in solchen Siedlungen zumindest zwei Bevölkerungsgruppen mit unterschiedlicher Religionszugehörigkeit lebten. Und sollte sich die autochthone römische Bevölkerung nicht dem arianischen Glauben zugewendet haben, muss die zweite Kirche wohl auf zugewanderte Bevölkerungsgruppen zurückzuführen sein.

Nachweise für das Fremde

Von archäologischer Seite lässt sich zweifelsfrei bestätigen, dass es ab der späteren römischen Kaiserzeit einen Zuzug fremder

Bevölkerungsgruppen gab. Doch wie zeichnen sich diese historischen Erkenntnisse über Wanderungsbewegungen, Akkulturation und Ethnogenese im archäologischen Fundmaterial ab? Migrationen archäologisch nachzuweisen, ist ein ebenso interessantes wie kontrovers diskutiertes Forschungsfeld. Häufig werden dafür Gräberfunde herangezogen. In der Spätantike hatte sich die Körperbestattung endgültig durchgesetzt, die Beigabensitte war dagegen – sofern es sich um Christen handelte – nicht mehr üblich. Dennoch wurden die Menschen mit ihrem persönlichen Schmuck begraben. Im Gegensatz dazu hielten die Barbaren noch länger an der Sitte fest, ihre Toten mit Tracht und Beigaben zu bestatten.

Gerne werden in diesem Zusammenhang Gräber zitiert, die keinen römischen Bestattungssitten folgen und »fremde« oder »barbarische« Objekte enthalten. Allerdings ist bei der Interpretation Vorsicht geboten. Eine germanische Fibel, eine Gewandnadel, macht noch keine Germanin. Ganz im Gegenteil: Findet man in einem Grab lediglich eine germanische Fibel, so handelt es sich mit größter Wahrscheinlichkeit nicht um eine Germanin, da deren Tracht Fibelpaare vorsieht. Daher ist genau darauf zu achten, in welcher Trachtlage die Objekte gefunden werden. Nicht ein Trachtbestandteil, sondern die Tracht als Ganzes, die Summe ihrer Bestandteile plus der Trageweise, gilt es zu berücksichtigen.

Ein Schmuckstück kann durchaus auch als Handelsware seinen Besitzer gewechselt haben, und wir wissen aus der Spätantike, dass sich germanische Gewandnadeln großer Beliebtheit erfreuten, dass sie mitunter imitiert und auch von Römerinnen als modisches Beiwerk getragen wurden, allerdings nicht paarweise auf der Schulter, sondern mittig auf der Brust als Mantelverschluss. Haben wir nun ein Skelett mit paarweisen Fibeln auf den Schultern vor uns, so dürfte es sich um eine Germanin handeln. Liegt die gleiche Fibel allerdings auf der Brust, so ist die Wahrscheinlichkeit, eine Römerin vor uns zu haben, die einfach Gefallen an einer germanischen Gewandnadel gefunden hat, sehr groß. Nicht das Objekt selbst gibt uns Auskunft über die ethnische Zuordnung der Trägerin, sondern die Art, wie es getragen wurde. Bei Männern sprechen spezifische Waffen, wie beispielsweise der Sax, das Kurzschwert, für einen Barbaren, während Waffenbeigaben für einen Römer eher untypisch sind. Ausgeschlossen werden sollte jedoch auch diese Möglichkeit nicht. Die Interpretation materieller Kultur stellt die Wissenschaft vor große Herausforderungen, sie ist vielfach umstritten, jedoch niemals einfach und monokausal.

Abgesehen von Tracht, dazugehörigem Schmuck und Waffen finden sich am Skelett selbst aufschlussreiche Merkmale. Bei den sogenannten Turmschädeln handelt es sich um künstlich deformierte Schädel, deren Form durch Bandagieren im Kleinkindalter erzeugt wurde. Diese »Mode« kam aus dem hunnisch-alanischen Bereich und fand sich teilweise auch bei Germanen. In diesem Fall gilt es jedoch als unwahrscheinlich, dass Römer diese Sitte übernommen haben. Man geht daher davon aus, dass die bestatteten Personen mit Turmschädeln auch tatsächlich barbarischer Herkunft waren.

In spätantiken Siedlungen in Noricum werden immer wieder Gefäße gefunden, die ihrer Formgebung nach germanisch sind. Bei manchen ist anhand naturwissenschaftlicher Untersuchungen gesichert, dass es sich um Importe handelt, die wohl im Zuge von Einwanderungen mitgebracht wurden. Andererseits übernahmen die lokalen Handwerker die Formensprache und produzierten bald auch ähnliche Gefäße, um sie am Markt feilzubieten. Den Impuls dazu lieferten die Objekte selbst, die zugezogenen Menschen boten wiederum neue Absatzmärkte. Aus diesem kulturellen Austausch ist ein Innovationsschub für das lokale Handwerk in kunsthandwerklicher und technologischer Hinsicht abzuleiten.

Sich selbst überlassen

Doch wie steht es eigentlich mit der Mobilität, dem Handel und dem Kulturtransfer in diesen Grenzregionen während der Spätantike (4. bis 6. Jahrhundert)? Wie attraktiv war der römische Staat denn überhaupt noch für die Menschen der Grenzregionen, die von kriegerischen Ereignissen erschüttert wurden, die mit Versorgungsengpässen zu kämpfen hatten, Hungersnöte ausstehen mussten und wo die staatliche Obrigkeit zusehends von der Bildfläche verschwand? Durch den Rückzug einer ordnenden Staatsinstanz etwa in den nördlichen Provinzen – dazu zählen auch die Provinzen Noricum, im Gebiet des heutigen Österreich, und Rätien – wurde das Reisen immer gefährlicher und unattraktiver. Einerseits stieg die Gefahr, durch Banden überfallen zu werden, andererseits wurde die Infrastruktur immer unzuverlässiger. Der Reisende konnte sich nicht mehr sicher sein, funktionierende Reisestationen (*mansiones*) oder Pferdetauschstationen (*mutationes*) vorzufinden. Truppenbewegungen – die davon nicht betroffen waren – fanden zwar nach wie vor statt, anders sah es dagegen mit dem individuellen Verkehr und dem Warentransport aus. Das Reisen wurde auf das Notwendigste beschränkt, der Überlandhandel kam über große Strecken überhaupt zum Erliegen. Diese Entwicklungen sind in Noricum besonders ab dem späten 4. und dem frühen 5. Jahrhundert zu spüren, als sich die Menschen aus Sicherheitsgründen auf befestigte Höhensiedlungen oder innerhalb von Lagermauern zurückzogen. Die Versorgung basierte nun hauptsächlich auf der Subsistenzwirtschaft des unmittelbaren Umlands der Siedlungen. Ein Warenaustausch mit entfernteren Regionen, geschweige denn mit wirklichen Fernregionen, unterblieb.

Der Rückgang der staatlichen Verwaltung, die ein wesentliches ordnendes Element der Organisationsstruktur des Römischen Reiches dargestellt hatte, wurde zwar teilweise durch kirchliche Institutionen ersetzt, jedoch rückte auch die Eigenverantwortung wieder stärker in den Vordergrund. Das Individuum war zunehmend gefordert, sich selbst zu verteidigen und seine eigene Versorgung sicherzustellen. Andererseits wurden – wie schriftliche Quellen belegen – die durch den römischen Staat auferlegten Steuern als immer größere Last empfunden, und andere Formen des Zusammenlebens übten eine steigende Anziehungskraft aus.

Grenzen der Nachweisbarkeit – Slawische Migration

Es gibt allerdings auch Migrationsphänomene, bei deren Erforschung die Archäologie an ihre methodischen Grenzen stößt. Als Fallbeispiel soll die frühslawische Kultur des späten 6. und frühen 7. Jahrhunderts zitiert werden. Die Zuwanderung der Slawen in den Ostalpenraum ist in historischen Quellen überliefert, aber ihr materieller Nachweis gestaltet sich als äußerst schwierig. Die Slawen gründeten entlang von Flussläufen in Holzbauweise kleine Siedlungen und Dörfer, die meist eine Kontinuität bis in die Gegenwart aufweisen. Sie verbrannten ihre Toten und schütteten die Asche in eine Erdgrube oder bestatteten sie in grob gefertigten Töpfen. Sie stellten einen Großteil ihrer Gefäße und Gebrauchsgegenstände aus vergänglichen Materialen wie Korbgeflecht und Holz her und verwendeten nur wenige und zudem sehr grobe und nicht spezifische Keramiktöpfe.

Nur wenig bis gar nichts ist uns von dieser weitgehend vergänglichen frühslawischen Kultur erhalten geblieben, nichtsdestotrotz hat sie existiert. Dies wird ganz deutlich, als im 8. Jahrhundert befestigte Anlagen aus festen Materialien erbaut und Häuser mit Steinsockeln errichtet werden sowie die Körperbestattung übernommen wird. Scheinbar plötzlich ist nun auch die Archäologie in der Lage, die Kultur der Slawen zu charakterisieren.

Es ist aber nicht nur das Frühmittelalter, das der Archäologie ihre Grenzen aufzeigt. Auch andere Epochen entziehen sich der materiellen Nachweisbarkeit und werden gerne als »Dark Ages« bezeichnet. Archäologen müssen sich immer bewusst sein, dass diese scheinbaren kulturhistorischen Lücken auch methodische Ursachen haben können und dass das Fehlen von Fundmaterial nicht mit der Abwesenheit von Menschen gleichzusetzen ist. Gerade durch den Einsatz interdisziplinärer Methoden konnte in den letzten Jahrzehnten viel Licht in die dunklen Jahrhunderte gebracht werden.

9.
Archäologie und der Tod

Das Elementarste unserer Existenz, der Tod, ist heute aus unserem Leben – zumindest jenem in der westlichen Welt – weitgehend verschwunden. Der Moment des Todes findet in der Regel in Krankenhäusern statt, häufig ohne das Beisein der Angehörigen. Auch das Waschen, Reinigen und Aufbereiten für die Beerdigung wird heute meist nicht mehr von der Familie selbst durchgeführt, sondern sozusagen ausgelagert und als Dienstleistung von einem Bestattungsinstitut erledigt. Die Mehrheit der modernen westlichen Menschen nimmt zudem von einem Behältnis Abschied, von einem Sarg. Der Tote selbst ist dadurch gar nicht mehr sichtbar. Die Verabschiedung erfolgt zwar in der eigenen Vorstellung, aber nicht mehr tatsächlich. Den Toten noch ein letztes Mal anzugreifen, ihm nahe zu sein, ist nicht mehr möglich. Auf diese Weise ist der Anblick eines Toten aus unserer Gesellschaft fast vollständig verschwunden und das Abschiednehmen anonymisiert worden. Paradoxerweise führt diese Rationalisierung des Sterbens jedoch zu einer verstärkten Mystifikation des Todes.

Angst vor dem Tod

Dieses Wegsperren des Todes hat letztlich dazu geführt, dass die Angst vor dem Tod, die Angst vor der absoluten Endgültigkeit heutzutage größer sein dürfte, als sie es je in der Menschheitsgeschichte war. Die Menschen haben den Tod in der Tat nicht mehr vor Augen, sie können ihn nicht mehr visualisieren und haben deswegen auch größere Schwierigkeiten damit, ihn zu verarbeiten.

Auch wenn sich heute Todesursachen rational feststellen lassen, bleibt dennoch die Angst vor dieser Endgültigkeit. Das, was nach dem Tod passiert, ist nach wie vor ungeklärt und bietet verschiedensten Erklärungsmodellen Raum. Jenseitsvorstellungen helfen, den Tod erklärbarer zu machen und den Umgang mit dem eigenen Tod und der eigenen Sterblichkeit, aber auch mit dem endgültigen Verlust eines Angehörigen zu erleichtern.

Ein Beispiel für die Rationalisierung des Bestattungsritus stellt das Ersetzen von Blumen- und Kranzspenden durch Spenden für karitative Zwecke dar. Während Kranz oder Blume direkt dem Toten in persönlicher Verbundenheit und als Ausdruck der Trauer und Erinnerung übergeben werden, ist die Überweisung einer bestimmten Summe an eine karitative Organisation vielleicht in pragmatischer Hinsicht praktischer, sie hat jedoch mit dem Ursprung der Blumenspende und ihrer eigentlichen Bedeutung wenig zu tun. Es ist letztendlich ein Versuch, das Irrationale zu rationalisieren.

Der Blick zurück in die frühe Menschheitsgeschichte mutet in diesem Zusammenhang wie eine Ironie des Schicksals an. Gerade die Mitgabe von Blumen bzw. das Schmücken des Toten mit Blüten stellt eine der ersten Ausdrucksformen des Abschiednehmens und der Ausbildung von Bestattungsriten dar. Es symbolisiert das Gedenken der Hinterbliebenen an den Verstorbenen und deren Trauer um den Verlust.

Noch lange vor der Sesshaftwerdung des Menschen wurden Tote geschmückt und sorgfältig begraben. Neben Blumen wird bald auch einfacher, aus Knochen und Muscheln hergestellter Schmuck beigegeben. Darin kommt die Wertschätzung der Lebenden gegenüber den Toten zum Ausdruck, möglicherweise können auch erste Jenseitsvorstellungen davon abgeleitet werden.

Als ganz besonders tragisch wird heute der Tod eines Kindes angesehen, allerdings handelt es sich dabei um eine Entwicklung des 20. Jahrhunderts. Erstmals in der Menschheitsgeschichte sank im letzten Jahrhundert die Kindersterblichkeit deutlich und die Kleinfamilie wurde zur Norm – zumindest in der westlichen Welt. Dort, wo es nur mehr wenige Kinder gibt, stellt der Verlust eines Kindes verständlicherweise eine Katastrophe dar.

Blickt man jedoch in die fernere Vergangenheit, so wird klar, dass der oft zitierte natürliche Verlauf – die Alten sollen vor den Jungen sterben und nicht umgekehrt – erst auf die jüngste Zeit zutrifft. Tatsächlich verstarb die überwiegende Mehrzahl aller bislang geborenen Menschen im Kleinkindalter. Die Kindersterblichkeit war bis vor Kurzem hoch, und die größte Hürde bestand darin, das erste und zweite Lebensjahr zu überstehen. Hoch war auch die Sterblichkeitsrate bei Gebärenden, besonders bei der ersten Geburt. Jede Schwangerschaft barg das Risiko des Todes in sich, für die werdenden Mütter ebenso wie für die zu gebärenden Kinder. Selbst wenn die Frau den Geburtsvorgang überlebte, bestand die Gefahr, dass sie das gefürchtete Wochenbett nicht überstand. Natürlich trauerten Menschen immer um ihre Kinder, aber der Verlust eines Kindes stellte keine so elementare Katastrophe wie heutzutage dar, und zwar schlicht deshalb, weil man ständig mit dieser Realität konfrontiert war, also damit rechnen und umgehen musste.

Lebenserwartung und Krankheiten

Generell haben wir es in der Antike mit einer viel niedrigeren Lebenserwartung als heute zu tun. Im Durchschnitt erreichten die Menschen ein Alter zwischen 40 und 50 Jahren, überliefert sind allerdings auch Greise, die im Alter von 80 oder gar 90 Jahren verstarben.

Neben der hohen Kindersterblichkeit und der Gefahr für die Frau, bei der Geburt oder im Wochenbett zu sterben, konnten auch alle Formen von Entzündungen tödliche Folgen haben. Ansteckende Krankheiten verbreiteten sich viel schneller als heute, was zum einen an den schlechten hygienischen Zuständen lag, zum anderen an der limitierten medizinischen Versorgung. Für die damalige Zeit war die Medizin auf einem hohen Stand: Speziell die Ärzte der griechisch-römischen Zeit, also der klassischen Antike, waren gut ausgebildet und verfügten über beachtliche diagnostische Kompetenzen. Auch die Operationstechniken und die Krankenpflege hatten einen hohen Standard erreicht, Kuraufenthalte – beispielsweise in Asklepios-Heiligtümern – dienten der Rekonvaleszenz, und Sport wurde als gesundheitsfördernde Maßnahme verordnet. Trotzdem endeten viele virologische und bakterielle Erkrankungen aufgrund des Fehlens einschlägiger Medikamente häufig tödlich. Gerade großen Epidemien war man praktisch schutzlos ausgesetzt. So zog die große Pest im 2. Jahrhundert n. Chr. eine Spur des Todes von der syrischen Ostgrenze bis in die Nordprovinzen des Römischen Reiches. Mit Truppenverlegungen wurde die Epidemie in das Imperium eingeschleppt und verbreitete sich rasch in Kleinasien, in Italien und auch nördlich der Alpen. Die ganze Dimension der Katastrophe zeigt sich in Massengräbern sowie in Inschriften, die den Verlust von großen Bevölkerungsteilen dokumentieren. Eine derartige Inschrift ist zum Beispiel aus der römischen Stadt Virunum bei Maria Saal in Kärnten bekannt. Und natürlich gibt es auch literarische Quellen, in welchen die Pest thematisiert wird.

Epidemien galten stets als Strafe Gottes, weswegen man ihnen auch durch religiöse Handlungen und Opfergaben entgegenzuwirken versuchte. Es mussten Schuldige gefunden und deren schlechte Handlungen gesühnt werden. Gleichzeitig gab es aber auch rationale Erklärungsmodelle. Die Menschen waren sich durchaus bewusst, dass hygienische Maßnahmen und das Vermeiden von direktem Kontakt mit bereits Erkrankten die Ausbreitung eindämmen konnten.

Bestattungssitten und Jenseitsvorstellungen

In allen entwickelten Kulturen war es unbedingt notwendig, eine den jeweiligen Sitten und Gebräuchen gemäße Bestattung durchzuführen. Kulturhistoriker stellen sich folgende Fragen: Wie wird der Körper des Toten behandelt und mit welcher Ausstattung wird er bestattet? Wie funktioniert der eigentliche Bestattungsritus und welche Grabform wird gewählt?

Und in welcher Form erinnern sich die Hinterbliebenen an den Toten?

So unterschiedlich die Bestattungssitten auch sein mögen, was alle Kulturen eint, sind bindende Vorschriften, die den Ablauf der Bestattung regeln. Sie können mündlich tradiert, aber auch schriftlich festgehalten sein. Ihre Einhaltung war in jedem Fall zwingend, bei Verstößen hatte man sowohl mit weltlichen als auch mit göttlichen Bestrafungen zu rechnen. Der regelgemäße Bestattungsvorgang wurde einerseits durch die Behörden tatsächlich überprüft, andererseits oblag die Verantwortung den Angehörigen oder anderen dafür zuständigen Gruppierungen, meist Vereinen. Entscheidend war, dass man dem Toten einen ordnungsgemäßen bzw. geordneten Übertritt in das Jenseits ermöglichte.

Bestattungssitten entspringen Traditionen verschiedener ethnischer, sozialer oder religiöser Gruppen, aber auch städtischer oder staatlicher Gemeinschaften. Neben diesen kollektiven Gebräuchen ist natürlich auch die persönliche Beziehung zwischen Hinterbliebenen und Toten an Details im Bestattungsritus sowie an der Gestaltung und Pflege des Grabes ablesbar. Abseits professioneller Klageweiber finden sich viele Hinweise auf individuelle Trauer und auf das Bedürfnis, den Verstorbenen in gebührender Art und Weise zu gedenken. Dies können Grabbeigaben sein, aber auch Grabmonumente und Inschriften, die den Schmerz um den Verlust eines geliebten Menschen zum Ausdruck bringen.

Der Umgang mit dem Tod kann als Spiegel von Jenseitsvorstellungen aufgefasst werden. Der Glaube an Wiedergeburt, Auferstehung und Weiterleben in einer anderen Welt oder an die Existenz eines Schattendaseins findet seinen Niederschlag in den unterschiedlichen Kult-, Grab- und Bestattungssitten.

Aufgrund der hohen Kindersterblichkeit war der Tod eines Kindes etwas Allgegenwärtiges. Nichtsdestotrotz gibt es zahlreiche Belege dafür, dass die Trauer um verstorbene Kinder sehr groß war. In prähistorischen Kulturen finden sich Kindergräber häufig in den Häusern selbst, unter den Fußböden der Wohnräume. Diese Bestattungsart sollte gewissermaßen ein Weiterleben des Kindes im Kreise der Familie garantieren.

Kindergräber wurden oft auch sehr reich ausgestattet. Man wollte den Kindern das Beste mitgeben, um sie für ihr nun selbstverantwortliches Leben im Jenseits auszustatten. Speziell in Gräbern von Mädchen finden sich gerne Beigaben, die auf ihren ersehnten Status als Frau und Mutter hindeuten. Dazu gehören Kosmetikutensilien, Kämme und Schmuck ebenso wie Spinn- und Webgeräte sowie Schlüssel. Das im Diesseits nicht gelebte Leben sollte im Jenseits ermöglicht werden. In zahlreichen persönlichen Inschriften wird das frühe Ableben der Kinder betrauert und die enge Verbundenheit und große Liebe zwischen Eltern und Kindern betont.

Kinder wurden häufig bei den Familienangehörigen bestattet, entweder im selben Grab oder um die Eltern herum gruppiert. Daneben gibt es bereits in der Antike separate Kinderareale auf Friedhöfen, eine Tradition, die sich bis in die Neuzeit erhalten hat. In den letzten Jahren wurde auch ein Kinderareal eines türkischen Friedhofes des 15. Jahrhunderts in der Nähe von Ephesos ausgegraben. Die hier gefundenen Kleinkinder sind um das Grab eines Dede, eines verehrungswürdigen Meisters, gruppiert.

Totenpflege und Bestattung

Die Archäologie schöpft ihre Quellen zu Bestattungs- und Grabsitten in erster Linie aus den Gräbern selbst. Grundlegend kann zwischen Körperbestattung und Brandbestattung unterschieden werden. Bei Erster wird der Leichnam bestattet, bei Letzter wird der Leichnam zunächst verbrannt und danach werden die menschlichen Überreste beigesetzt.

Vor der eigentlichen Bestattung wurde der Körper auf verschiedene Weise behandelt. Es kann angenommen werden, dass nach dem Eintritt des Todes fast immer eine Waschung des Körpers vorgenommen wurde. Danach wurde der Leichnam häufig in Tücher gewickelt und bekleidet, balsamiert oder sogar mumifiziert. Auch wenn die bekanntesten Beispiele für Mumifizierungen aus Ägypten stammen, so sind solche künstlichen Konservierungen von Körpern auch aus vielen anderen Kulturen überliefert, zum Beispiel aus Südamerika, und werden zum Teil auch heute noch durchgeführt. Nach der Behandlung erfolgte die Aufbahrung, im Zuge derer die Lebenden Abschied nehmen konnten.

Wurde der Leichnam verbrannt, so errichtete man dafür einen Scheiterhaufen und legte den Toten darauf. Schmuck, Tracht und Beigaben konnten entweder mitverbrannt – in diesem Fall sind die Gegenstände zu nicht mehr erkennbaren Klumpen verschmolzen – oder separat mit dem Leichenbrand in das Grab gelegt werden. Die einfachste Deponierung von Leichenbrand ist das Brandschüttungsgrab. Hierfür wird eine kleine Grube ausgehoben, der Leichenbrand eingefüllt und mit Erde zugeschüttet. Einfache Brandschüttungsgräber ohne Beigaben werden daher sehr selten gefunden – meist nur dann, wenn sie im Rahmen eines größeren Gräberfeldes auftreten. Ansonsten ist es praktisch unmöglich, eine derart unscheinbare Grube mit oft zentimeterkleinen, verformten Leichenbrandresten zu entdecken.

Für die Urnenbestattung wird der Leichenbrand in ein speziell dafür gefertigtes Gefäß eingefüllt, eine Grube ausgehoben und der Topf sorgfältig deponiert. Die Urnen konnten aber auch in kleine Kammern bzw. Kästen gestellt oder oberirdisch in extra dafür vorgesehenen Nischen in Grabbauten eingelassen werden.

Die Toten oder deren Überreste konnten sowohl über der Erde in Grabhäusern oder Grabmonumenten als auch in der Erde beigesetzt werden. Mitunter war es sogar üblich, die Leichen offen aufzubahren, sie Tieren zu überlassen und damit der Natur zurückzugeben. Dafür gab es besondere Plätze, aber auch Dächer wurden für diese Bestattungsform verwendet. Der archäologische Nachweis für diese Form des Umgangs mit Leichen ist sehr schwierig, da die Körper zerfielen und von Tieren vertragen bzw. aufgefressen wurden. Überlieferungen und ethnoarchäologische Parallelen helfen hier bei der Rekonstruktion der uns eigen anmutenden Bestattungssitte.

Die einfachste Form des Erdgrabes bestand darin, eine Grube auszuheben und in diese den entweder in Tüchern gewickelten oder angezogenen Leichnam zu legen. Häufig wurde der tote Körper auch auf ein Holzbrett oder eine Matte gelegt und mit dieser bestattet. In weiterer Folge entwickelte sich daraus die Sargbestattung. Särge gab es in jeder Ausführung, aus Holz und Marmor bis hin zum Bleisarkophag, prächtig gestaltet und verziert. Die Funktion ist stets dieselbe: Der Sarg bzw. Sarkophag dient als Grabkasten für den Leichnam und wird nach der Deponierung in einer Erdgrube oder in einer oberirdischen Grabstätte durch einen Deckel verschlossen. Auch die Grabgrube konnte verschieden gestaltet sein – ganz ohne Stabilisierung, aber auch mit Ziegelplatten ausgekleidet oder mit einem Holzrahmen befestigt.

Wesentlich komplexer sind die Grabkammern, die sowohl unterirdisch als auch oberirdisch angelegt wurden. Eine Sonderform sind Grabhügel oder Tumulus-Gräber, über die ein Hügel aufgeschüttet wurde. Diese Grabkammern verfügten über einen oder mehrere Bestattungsplätze und wurden mit Beigaben aufgefüllt, die den Verstorbenen das Leben im Jenseits angenehm gestalten und gewährleisten sollten, dass sie ihren Status auch im Jenseits innehaben.

Ein sehr eindrucksvolles Beispiel für derartige Grabkammern bieten die Fürstengräber der Hallstattzeit. Ihnen wurden nicht nur die Waffen, der Schmuck und ihr Ornat mitgegeben, sondern auch Wägen, Hausrat, wertvollstes Trink- und Speisegeschirr und andere Luxusgegenstände. Und manchmal wurden sogar die Gefährten, darunter Hunde und Pferde, Diener, Gefolgsleute, Ehefrauen und Konkubinen mitbestattet. Alles das diente dazu, den Status des Fürsten auch im Jenseits zu erhalten.

Neben Grabkammern findet man auch Grabhäuser, die der Hausarchitektur nachempfunden sind. Sie verfügten über ein repräsentativ ausgestaltetes Eingangsportal, über Mosaikböden, verputzte Wände und zum Teil auch Wandmalereien. Mehrere Phasen von Fresken übereinander belegen, dass die Grabhäuser während ihrer Benutzungszeit immer wieder renoviert und neu ausgestattet wurden. In den Häusern befanden sich gemauerte Gräber oder Sarkophage, die mehrfach verwendet wurden. Das heißt, dass in einem solchen Grab zahlreiche Bestattungen über- oder nebeneinander zu liegen kamen. Im Andenken an die Verstorbenen wurden gerne Öllämpchen in die Häuser gestellt, sie sollten Licht in das ewige Dunkel bringen.

Die Gestaltung von Gräbern

Die Grabgestaltung konnte ganz unterschiedlich aussehen. Es ging vor allem darum, die Erinnerungen an die Verstorbenen aufrechtzuerhalten. Wichtig war es darüber hinaus, das Grab als solches zu kennzeichnen, um es vor unwissentlichen Zerstörungen zu bewahren. Andererseits war man aber auch bestrebt, das Grab vor möglichen Grabräubern zu schützen. Eine Kombination aus Erinnerungsform, Grabkennzeichnung und Schutzmaßnahme tragen die Tumuli zur Schau. Die bisweilen hoch aufgeschütteten Hügel erinnern weithin sichtbar an die Verstorbenen und überdauerten Jahrhunderte, manchmal Jahrtausende. Auch in Österreich gibt es Tumuli aus der Prähistorie, aber auch aus der römischen Kaiserzeit. Imposant sind die hohen Grabhügel der Lyder-Könige in der heutigen Türkei, die weithin sichtbare Landmarken darstellen. Der wohl beachtlichste, wenn auch noch nicht ausgegrabene Tumulus ist jener in Xi'an, China. Dort ließ sich Kaiser Qín Shǐhuángdì mit seiner gesamten Armee und seinem Hofstaat bestatten und schuf damit die wohl eindrucksvollste Machtdemonstration in der Form eines Grabmonuments. Die mächtig aufgeschütteten Tumuli verfolgten natürlich auch den Zweck, Grabraub durch die massive Überschüttung mit Erde zu erschweren oder im Idealfall zu verhindern. Die eigentlichen Grabkammern befinden sich oft nicht in der Mitte des Hügels, sondern dezentral, um Grabräuber auf eine falsche Fährte zu locken.

Bei der Ausstattung von Gräbern, Grabkammern und Grabhäusern gilt es sich zu vergegenwärtigen, dass diese für die Toten für ihr Leben im Jenseits bestimmt war und nicht für die Lebenden. Die Innenräume waren nur für jene sichtbar, die Zugang zu den Räumlichkeiten hatten, um etwa Nachbestattungen durchzuführen. Oft verstecken sich prachtvolle Sarkophage hinter schlichten Fassaden von Grabhäusern, viele von ihnen waren in die Erde eingelassen. Während nach außen hin Zurückhaltung und Uniformität kommuniziert wurde, sparte man im Inneren nicht mit Pracht und Luxus. Damit wollte man gewährleisten, dass die Toten ihrem Status entsprechend im Jenseits aufgenommen wurden, es sollte ihnen an nichts mangeln.

In zahlreichen Kulturen, so auch in der griechischen und römischen Antike, war es üblich, Mehrfachbestattungen durchzuführen. Dabei wurde ein Grab über einen längeren Zeitraum hinweg benützt und es wurden darin immer wieder Leichname bestattet. Eine Möglichkeit bestand darin, die vollständige Verwesung abzuwarten, dann die Knochen in Ostotheken – kleinen Knochenbehältnissen – zu sammeln und in den Grabhäusern aufzustellen. Oder aber man legte die Knochen älterer Bestattungen sorgfältig in eine Ecke des Grabes, um Platz für die neue Bestattung zu schaffen. Bei wirklich durchgängiger und intensiver Benutzung eines Grabes wurden Bestattungen übereinandergestapelt. Dabei nahm man auf die älteren, teilweise wohl schon verwesten Leichname Rücksicht und legte die jüngere Bestattung sorgfältig darauf, manchmal wurde auch eine Trennschicht aus Kalk aufgebracht.

Immer wieder tritt der Fall ein, dass Grabhäuser über einen längeren Zeitraum nicht benützt, dann allerdings wieder belegt werden. Ist damit auch ein Besitzer- oder gar ein Bevölkerungswechsel verbunden, so fehlt es oftmals an Rücksichtnahme und pietätvollem Umgang mit den älteren Bestattungen. In diesem Fall finden sich im Umkreis der Gräber wahllos herumliegende Knochen, die zur Seite geworfen wurden, um Platz für neue Bestattungen zu machen.

Das Grabmal als Erinnerungsort

Das Grabmal dient der Erinnerung an den Toten. Die Sichtbarmachung und Kennzeichnung eines Grabes ermöglicht es den Hinterbliebenen, diesen Ort leicht wiederzufinden und immer wieder aufzusuchen, um dort des Verstorbenen zu gedenken. Es gibt den Angehörigen aber auch die Gewissheit, dass der Tote sozusagen sicher und ruhig »schlafen« kann. Geliebte Menschen ordnungsgemäß bestatten zu können, ist ein elementares menschliches Bedürfnis. Die jahrelange Suche nach Vermissten oder auch nach verschollenen und schon für tot erklärten Personen ist Ausdruck dafür. Für viele Menschen ist die Vorstellung, nicht zu wissen ob, wo und wie ein Angehöriger verstorben ist, schrecklich und lässt sie nicht ruhen, bis sie Sicherheit erlangen. Auch symbolische Gräber – etwa für verschollene Soldaten – sind dabei keine Hilfe. Die Ungewissheit nagt an den Hinterbliebenen, und groß ist die Erleichterung, oft nach jahrelanger Suche jemanden »zur Ruhe betten« zu dürfen.

Mit der Kennzeichnung von Gräbern versuchen Gemeinschaften auch zu verhindern, dass Gräber unwissentlich – etwa durch Baumaßnahmen – zerstört werden und die Grabruhe dadurch gestört wird. Aber auch auf größeren, abgegrenzten Friedhöfen ist eine Markierung unbedingt notwendig. Zum einen breiten sich Friedhöfe sukzessive aus, zum anderen verblasst über die Generationen die Erinnerung an nicht mehr gepflegte und aufrechterhaltene Gräber. Die Kennzeichnung garantierte außerdem, dass sich Familien oder Verbände in Gruppen bestatten lassen konnten. Diese Markierungen konnten sehr einfach gestaltet sein, etwa hölzerne oder steinerne Stelen, die am Kopf- oder Fußende des Grabes aufgestellt waren. Verwendet wurden dafür Holzbretter oder Steinplatten, vielfach ohne Beschriftung oder bildliche Darstellungen. Natürlich gibt es auch kunstvoll ausgearbeitete Grabstelen, deren Inschriften Informationen über den Verstorbenen überliefern und deren Bilder mit dem Betrachter kommunizieren. Neben der Verwendung von Stelen gibt es auch noch aufwendigere Markierungsmöglichkeiten. Das Grab kann zur Gänze mit Steinen eingefasst werden, Grabsockel können errichtet und Grabplatten verlegt werden. Betrachtet man die antiken Grabmonumente, Grabhäuser und Mausoleen, so wird klar, dass der Monumentalisierung des Grabes keine Grenzen gesetzt waren.

Wenn die Grabhäuser oder Monumente eingefasst werden, spricht man von einem Grabbezirk. Für dieses klar definierte Areal konnte der Besitzer festlegen, wer hier bestattet werden sollte, wie die Grabpflege auszusehen und wer überhaupt Zugang zu den Gräbern hatte. Bei Zuwiderhandeln drohten Strafen, die auch häufig exekutiert wurden.

Gegen die Vergänglichkeit

Das Grab hilft nicht nur den Hinterbliebenen, sich an die Verstorbenen zu erinnern, sondern auch den Verstorbenen, nicht in Vergessenheit zu geraten. Diese Angst ist Triebfeder für unterschiedlichste Aktivitäten während der Lebenszeit eines jeden Menschen, führte aber auch zur Entwicklung einer Erinnerungskultur, die über den Tod hinaus wirkt. Die Auseinandersetzung mit der eigenen Sterblichkeit und das Bewusstsein über die Unausweichlichkeit des Todes begleiten Menschen ihr Leben lang. Das Grab ist letztendlich auch ein Denkmal gegen die Vergänglichkeit.

Grabmonumente dienten aber auch der Repräsentation und Selbstdarstellung. Die Instrumentalisierung des Todes konnte vom Verstorbenen selbst, von seiner Familie, aber auch von der Allgemeinheit ausgehen. Stattliche Mausoleen, wie jenes des Mausolos in Halikarnassos, hohe Säulen, wie jene des Kaisers Trajan in Rom, in deren Inneren die Urne des Kaisers deponiert war, mächtige Tumuli wie jener von Xi'an oder die Großen Pyramiden in Gizeh – sie alle demonstrieren das Selbstverständnis der Herrschenden und ihre Macht, die sogar über das Diesseits hinaus wirkt bis in alle Ewigkeit.

Eine interessante Repräsentationsform ist die Verknüpfung des eigenen Grabes mit einer wohltätigen Stiftung. Eines der prominentesten Beispiele dafür ist die Celsusbibliothek in Ephesos. Gestiftet von Gaius Iulius Aquila, handelt es sich bei dem Gebäude nicht nur um eine öffentliche Bibliothek, sondern auch um ein Heroon für seinen Vater Tiberius Iulius

Celsus Polemaeanus, Statthalter der Provinz Asia. Den Kern des Baus bildet die Grabkammer des Celsus, wo heute noch sein Sarkophag steht. Über ihr wurde die Bibliothek errichtet, die immer an den Wohltäter und dessen Familie erinnerte. Er selbst war über den Tod hinaus mit der Stadt verbunden, in der er im frühen 2. Jahrhundert n. Chr. sein Amt bekleidet hatte.

Die meisten Menschen wurden allerdings in einfachen Gräbern auf Gemeinschaftsarealen, Gräberfeldern, Friedhöfen oder in Nekropolen, also Totenstädten, bestattet. Vor allem hygienische Gründe waren maßgeblich dafür, dass sich die Gräberfelder außerhalb der Siedlungen, rings um die Dörfer und Städte, ausbreiteten. Generationenübergreifend werden Familien zusammen bestattet, aber auch berufliche, soziale, ethnische und vor allem religiöse Gruppen bildeten eigene Einheiten und beanspruchten Friedhofsbereiche für sich. So wurden Wünsche von Religionsgemeinschaften berücksichtigt und beispielsweise Juden oder Christen in einem für sie vorgesehenen Areal gemeinsam bestattet. In antiken Nekropolen lassen sich Bereiche erkennen, die zum Beispiel nur von christlichen oder jüdischen Gruppen benutzt wurden.

Die Organisation der häufig sehr weitläufigen Nekropolen oblag einer Friedhofsverwaltung, die auch für die notwendige Infrastruktur zu sorgen hatte. Dazu gehörte die Instandhaltung der Wege, der Schutz der Gräber, aber auch die Bereitstellung von Dienstleistungen für Bestattungszeremonien und Gedächtnismähler. Die Grabhäuser und Grabdenkmäler liefern Hinweise zu Gedenkfeiern, die an bestimmten Tagen festgesetzt waren und auf den Dächern der Grabhäuser selber stattgefunden haben dürften. Erhalten sind etwa Stiegenaufgänge, die zu den Dächern führen. Auf den Begräbnisarealen wurden auch infrastrukturelle Einrichtungen gefunden, die dafür dienten, Speisen herzustellen und Getränke zu verkaufen. Auf diese Weise konnten Gedenkfeiern nahe an den Grabstätten und zum Teil direkt über den Gräbern abgehalten werden.

Die Nekropolen verfügten auch über Bestattungsvereine, die häufig bestimmte Berufsgruppen repräsentierten. Speziell in der römischen Zeit konnte man sich in einen solchen Bestattungsverein einschreiben, um von dieser Gemeinschaft ordnungsgemäß bestattet zu werden. Häufig lassen sich innerhalb der Nekropolen systematische Grabbezirke nachweisen, in denen Gräberreihen geplant und sukzessive belegt wurden. Diese speziell angelegten Coemeterien wurden meist von Vereinen oder anderen Gruppierungen genutzt und auch eigenständig verwaltet.

Besonders beeindruckend sind die Gräberstraßen. Sie lagen an den Ausfallsstraßen der Städte und Siedlungen, wo sich ein Grab an das andere reihte und auf diese Weise direkt mit den Reisenden kommunizierte. Über ihre Gräber konnten sich Verstorbene darstellen, Wertvorstellungen vermitteln, aber auch direkt mit den Lebenden Kontakt aufnehmen und sie zum Innehalten und Nachdenken anregen. Wenn Wanderer in Inschriften aufgerufen werden, zu überlegen, dass auch sie bald zu Staub werden würden, so ist dies eine Aufforderung, sich der eigenen Vergänglichkeit bewusst zu sein und das Leben danach auszurichten.

Eine Sonderform stellen die Katakomben dar, bei denen die Gräber in unterirdischen Gängen über mehrere Stockwerke hinweg angelegt sind. Bekannt sind sie in erster Linie aus Rom, wo sich aufgrund von Platzmangel diese Art des Bestattungsplatzes ausbildete.

Während der Spätantike ändern sich die Bestattungssitten und die Friedhöfe gruppieren sich um die Kirchen. Zahlreiche frühchristliche Kirchen wurden in römischen Nekropolen außerhalb der Städte gebaut und dienten Bestattungszwecken. Langsam wurde auch rund um die innerstädtischen Sakralanlagen beigesetzt, und diese Entwicklung prägte auch das mittelalterliche und neuzeitliche Dorfbild stark. Gläubige Christen wollten möglichst nahe an den im Altarraum verehrten Reliquien sowie an Martyrergräbern, über denen bald Kirchen errichtet wurden, bestattet werden. Man erhoffte sich durch die Nähe zu Heiligengebeinen eine besondere Fürsorge nach dem Tod. Kleriker und Kirchenstifter bekamen das Privileg, nahe dem Altarraum begraben zu werden. Aber auch um die Baptisterien, die Taufhäuser, finden sich sehr häufig Gräber. Dieses

Phänomen erklärt sich aus der Tatsache, dass in der Frühkirche die Taufe unmittelbar mit der Auferstehung verbunden wurde. Der Bestattungsplatz nahe einem Taufgebäude garantierte eine Partizipation am Ritus und symbolisiert den Wunsch nach Seelenheil.

Grab und Raub

Trotz Sichtbarmachung und Kennzeichnung war man bestrebt, die Gräber zu schützen. Denn Grabraub war eine nahezu alltägliche Bedrohung, der die Hinterbliebenen mit verschiedenen Mitteln entgegenzuwirken versuchten. Auf den Friedhöfen und Nekropolen fanden sich freilich Grab- bzw. Friedhofswächter, die dafür zu sorgen hatten, dass die Gräber nicht aufgebrochen und geplündert wurden, trotzdem kam dies immer wieder vor.

Eine zivilisierte Möglichkeit bestand darin, auf das Gesetz zu pochen. Grabinschriften machen beispielsweise auf das Verbot des Grabraubes aufmerksam und vermerken die darauf stehenden Strafen. Zudem konnte man potenzielle Grabräuber per Inschrift verfluchen – was für uns etwas sonderbar anmutet, verfehlte in einer von Aberglauben und Magie durchdrungenen Zeit nicht seine Wirkung. Grabräuber konnten auch bewusst in die Irre geführt werden. Dazu wurden Scheingänge angelegt, die im Nichts endeten, Scheintüren gebaut, die einen Grabeingang vortäuschten, oder sogar ganze Scheingräber errichtet. Gräber wurden auch unkenntlich gemacht. Von Attila ist überliefert, dass sein prachtvoll ausgestattetes Grab in die Erde eingetieft und ohne Kennzeichnung zurückgelassen wurde, um dem Grabraub vorzubeugen. Kaiser Qín Shǐhuángdì in Xi'an ließ überhaupt alle am Grabbau beteiligten Personen hinrichten, um zu verhindern, dass Details über die Anlage und die Ausstattung weitererzählt werden konnten.

Solange die Gräber gepflegt wurden und man sich um die Anlagen kümmerte, konnte das systematische Plündern verhindert werden. Anders stellt sich die Situation dann dar, wenn Friedhöfe nicht mehr belegt wurden oder die Bevölkerung wechselte. Gab es keinen persönlichen, kulturellen oder gesellschaftlichen Bezug mehr, so war die Hemmschwelle, Gräber auszurauben, nicht sehr hoch. Das Tabu der Leichenfledderei zu brechen, fällt leichter, wenn es sich nicht um einen Nachbarn, einen Mitbürger oder ein Mitglied derselben religiösen Gruppierung handelt. Ganz im Gegenteil wurde und wird es leider noch immer als Kriegsmittel und als Zeichen für die territoriale Inbesitznahme eingesetzt. Besonders eindrucksvoll zeigt sich dies im Frühmittelalter, in der sogenannten Völkerwanderungszeit, in Zentraleuropa. Hier wurden vermutlich von Awaren noch im Sehnenverband befindliche langobardische Leichname halb aus den Gräbern gezogen und beraubt. Niemand kümmerte sich mehr um die halbverwesten Leichen, die einfach liegen gelassen wurden.

Ein Großteil der sichtbaren antiken Gräber wurde im Verlauf der letzten Jahrtausende geplündert. Grabraub kommt allerdings bis zum heutigen Tage vor. Noch immer werden Gräber systematisch ausgeraubt und Funde auf Antiquitäten- und Kunstmärkten angeboten. Auch Archäologen müssen sich immer bewusst sein, dass sie die Grabruhe stören. Sorgfalt bei der Freilegung von Gräbern sowie ein pietätvoller Umgang mit den sterblichen Überresten sind dringend erforderlich, und auch ein Nachdenken über die eigene Vergänglichkeit schadet nicht.

Ausstattung von Gräbern

In der Antike wurden die Menschen gerne mit ihrem persönlichen Schmuck, ihrer Tracht sowie weiteren Beigaben bestattet. Während die Trachtbestandteile, wie etwa Fibeln, Ketten und Gürtel, ursächlich zur Kleidung gehören, wird unter Schmuck der Zierrat verstanden. Dazu gehören Ohrringe, Ketten, Anhänger, Arm-, Finger- und Fußreifen. Die Unterscheidung ist aber nicht immer einfach, da ein Trachtelement auch als Schmuckgegenstand getragen werden konnte. Eine Fibel beispielsweise, die in Trachtlage auf den Schultern sitzt, konnte auch rein dekorativ auf die Brust aufgeheftet werden. In diesem Fall verändert sich die Bedeutung des Stücks vom Trachtbestandteil zum Schmuckobjekt.

Beigaben sind jene Objekte, die tatsächlich beigelegt werden. Darunter versteht man Parfumfläschchen, Ölbalsamarien, Getränke und Speisen, von denen sich meist nur die Behältnisse erhalten haben, aber auch Berufsutensilien wie kleine Ärztekästchen oder Schmiedewerkzeug. Frauen gab man als Ausdruck ihrer Weiblichkeit gerne Kämme und Kosmetikartikel mit, Männer wurden in gewissen Kulturen mit ihren Waffen bestattet. Die Beigaben wurden den Verstorbenen mit auf den Weg gegeben, um ihnen ein adäquates Leben nach dem Tod zu garantieren.

Besonders reich an Schmuck- und Trachtgegenständen sind die keltischen, aber auch die frühmittelalterlichen Gräber. Frauen wurden in ihrer vollständigen Tracht, die reich an Fibeln, Colliers und Gürteln war, beigesetzt, die Männer obendrein mit ihren Waffen. Aber auch im Mittelmeerraum findet man reich ausgestattete Gräber: Jene im hellenistischen Makedonien beeindrucken durch ihren Goldschmuck, und der Beigabenreichtum der unteritalischen Gräber könnte nicht größer sein. Eine besonders erwähnenswerte Grabbeigabe waren Münzen. Die Hinterbliebenen legten dem Verstorbenen eine Münze in den Mund, um den Fährmann Charon, der die Toten vom Diesseits ins Jenseits übersetzt, zu bezahlen. Die Münze sollte diese Fährfahrt garantieren.

Die Tracht sagt viel über die Identität der Verstorbenen aus. Der Schmuck ist Ausdruck persönlichen Geschmacks, und die Beigaben erlauben einen Einblick in die Jenseitsvorstellungen. Aus Noricum kennt man beispielsweise zahlreiche kaiserzeitliche Grabreliefs von Ehepaaren, auf denen der Mann in römischem Gewand und Gestus, die Frau in keltischer Tracht abgebildet ist. Ein vergleichbares Phänomen findet sich im griechischen Osten, wo Männer als römische Bürger, Frauen in griechischer Kleidung dargestellt werden.

Die Ehepaare definieren sich durch die von ihnen bewusst gewählte Darstellungsform als kulturell keltisch bzw. griechisch geprägt, allerdings politisch dem römischen Kaiserreich zugehörig. Das Römische Reich und das damit einhergehende Bürgerrecht symbolisierte der Mann, während die kulturelle Identität und Identifikation über die Frau ausgedrückt wurde.

Grabsteine und ihre Botschaften

Die Grabsteine enthalten, wenn sie auch vielfach formelhaft sind, viele aussagekräftige Informationen über die Bestatteten. Die Inschriften können ganz kurz gefasst oder sehr ausführlich gestaltet sein, ein Regelwerk dazu gibt es nicht. Neben dem Namen des Bestatteten – an diesem ist auch das Geschlecht abzulesen – können Alter, Familienstand, Beruf und Charaktereigenschaften genannt sein. Manchmal werden die Ämterlaufbahn sowie die Todesursache angeführt. Häufig finden sich auch Auskünfte über den Stifter des Grabdenkmals und der Grabinschrift. Und schließlich kann auch die Trauer über den Verlust des Verstorbenen in den Grabinschriften zum Ausdruck kommen.

Bildliche Darstellungen ergänzen die Grabinschriften, können sie aber auch ganz ersetzen. Sie zeigen die Porträts der Bestatteten, den Verstorbenen beim Totenmahl oder bereits als Heros oder erzählen in Zitaten und Symbolen vom Tod und dem Übergang ins Jenseits. Häufig werden Statussymbole, Berufsinsignien oder die Verstorbenen charakterisierende Gegenstände abgebildet. Während die Frauen durch Gegenstände des häuslichen Lebens wie Spindel und Rocken, aber auch durch Toiletteartikel wie Kämme und Spiegel charakterisiert werden, stellt man Männer als Krieger oder in Ausübung ihres Berufes dar. Kinder wiederum bildet man mit ihrem Spielzeug ab, darunter kleine Vögel, die sie in den Händen halten. Berührend sind Abschiedsszenen, in denen die Trauer und der Schmerz des Gehenden als auch des Hinterbliebenen deutlich zum Ausdruck kommen.

Beigabensitte und Christentum

In der Spätantike verschwand unter dem Einfluss des Christentums und den damit einhergehenden geänderten Jenseitsvorstellungen die Beigabensitte weitgehend. Zwar finden sich nach wie vor Bestandteile der Kleidung wie die Gürtelschnallen; die Ausstattung mit Schmuck und Trachtgegenständen ist allerdings stark rückläufig. Das Seelenheil hing nun nicht mehr an der Ausstattung des Leichnams, vielmehr führte der Glaube an die Auferstehung dazu, die sterblichen Überreste ohne großen Prunk beizusetzen. Wichtig waren nun ein gottesfürchtiges Leben, aber vor allem auch Stiftungen zu Lebzeiten, die einen prominenten Bestattungsplatz garantierten. Besonders beliebt waren Kirchenausstattungen, und in vielen frühchristlichen Basiliken finden sich in den Mosaikböden Inschriften, die die Anzahl der gestifteten Quadratmeter an Mosaiken sowie den Namen der Stifter anführen. Man kann davon ausgehen, dass die Gräber der Genannten nicht weit vom Boden entfernt liegen. Ein gutes Beispiel dafür ist das Ursus-Mosaik in der Friedhofskirche von Teurnia, dessen Stifterfamilie wohl in unmittelbarer Nähe des Bodens ihre letzte Ruhestätte fand.

Was Knochen erzählen

Ohne eine detaillierte Aufarbeitung des menschlichen Knochenmaterials ist heute eine moderne Bearbeitung von Gräbern nicht mehr vorstellbar. Skelette und Leichenbrand werden anthropologisch untersucht, um einerseits Basisdaten wie

Sterbealter, Geschlecht oder Größe zu ermitteln. Besonderes Augenmerk gilt der Paläopathologie, deren Ziel es ist, für jedes untersuchte Individuum eine persönliche Krankengeschichte schreiben zu können. Ein ungeheures Potenzial erschließt sich durch die historische DNA-Forschung, die nicht nur der Klärung von Verwandtschaftsverhältnissen dient, sondern auch genetisch bedingte Krankheitsbilder erklären kann. Letztendlich dienen all diese Analyseverfahren einer Rekonstruktion der Lebensumstände der Bestatteten, ihrer Ernährungsgewohnheiten, des Gesundheitszustands, der Krankheitsbilder, der Kindersterblichkeit, der generellen Lebenserwartung, der ärztlichen Versorgung und Pflege und – natürlich – der Todesumstände.

Friedhöfe auszugraben und interdisziplinär auszuwerten, eröffnet der Archäologie die Möglichkeit, individuelle Schicksale nachzuzeichnen, aber auch generelle Aussagen zur Lebenswelt historischer Populationen zu tätigen. Dazu ist es einerseits notwendig, große Mengen an Gräbern mit denselben Methoden zu analysieren, andererseits alle zur Verfügung stehenden Quellen, darunter die Bilder, Inschriften, die historische Überlieferung, die Artefakte und die menschlichen Überreste zu berücksichtigen. Durch die Beschäftigung mit den Toten ist es möglich, den vormals Lebendigen sehr nahe zu kommen und dadurch ein Stück vergangene Lebenswelt zu rekonstruieren.